웨이크
WAKE

웨이크
WAKE

이름 없는 노예에서 반란의 주인공으로 다시 태어난 여성들

리베카 홀 글 | 휴고 마르티네스 그림 | 홍한별 옮김

웨이크

1판 1쇄 찍음 2023년 5월 2일
1판 1쇄 펴냄 2023년 5월 15일

지은이 리베카 홀
그린이 휴고 마르티네스
옮긴이 홍한별

주간 김현숙 | **편집** 김주희, 이나연
디자인 이현정, 전미혜
영업·제작 백국현 | **관리** 오유나

펴낸곳 궁리출판 | **펴낸이** 이갑수

등록 1999년 3월 29일 제300-2004-162호
주소 10881 경기도 파주시 회동길 325-12
전화 031-955-9818 | **팩스** 031-955-9848
홈페이지 www.kungree.com
전자우편 kungree@kungree.com
페이스북 /kungreepress | **트위터** @kungreepress
인스타그램 /kungree_press

ⓒ 궁리출판, 2023.

ISBN 978-89-5820-828-0 07300

책값은 뒤표지에 있습니다.
파본은 구입하신 서점에서 바꾸어 드립니다.

Wake The Hidden History of Women-Led Slave Revolts
Copyright © 2023 Rebecca Hall, Hugo Martínez
Korean Translation Copyright © by Kungree Press
Korean edition is published by arrangement
with Ayesha Pande
through Duran Kim Agency.

이 책의 한국어판 저작권은 듀란킴 에이전시를 통한
Ayesha Pande와의 독점계약으로 궁리에 있습니다.
저작권법에 의하여 한국 내에서 보호를 받는 저작물이므로
무단전재와 무단복제를 금합니다.

과거가 나를
추적해온다.

나에게는 이 이야기를
전할 사명이 있다.

차례

1장
　귀향 19

2장
　여왕 대 흑인 노예 31

3장
　가혹한 취급 45

4장
　세라 또는 애비게일 77

5장
　니그로 악마를 찾아서 91

6장
　그들이 내 목소리를 끊었으므로
　두 목소리를 길렀다 115

7장
　영국과 노예무역 139

8장
　짐짝의 반란 163

9장
　물은 모든 것을 기억한다 185

10장
　지속되는 혈통 211

감사의 말 229
참고자료 231
옮긴이의 말 234

1장

귀향

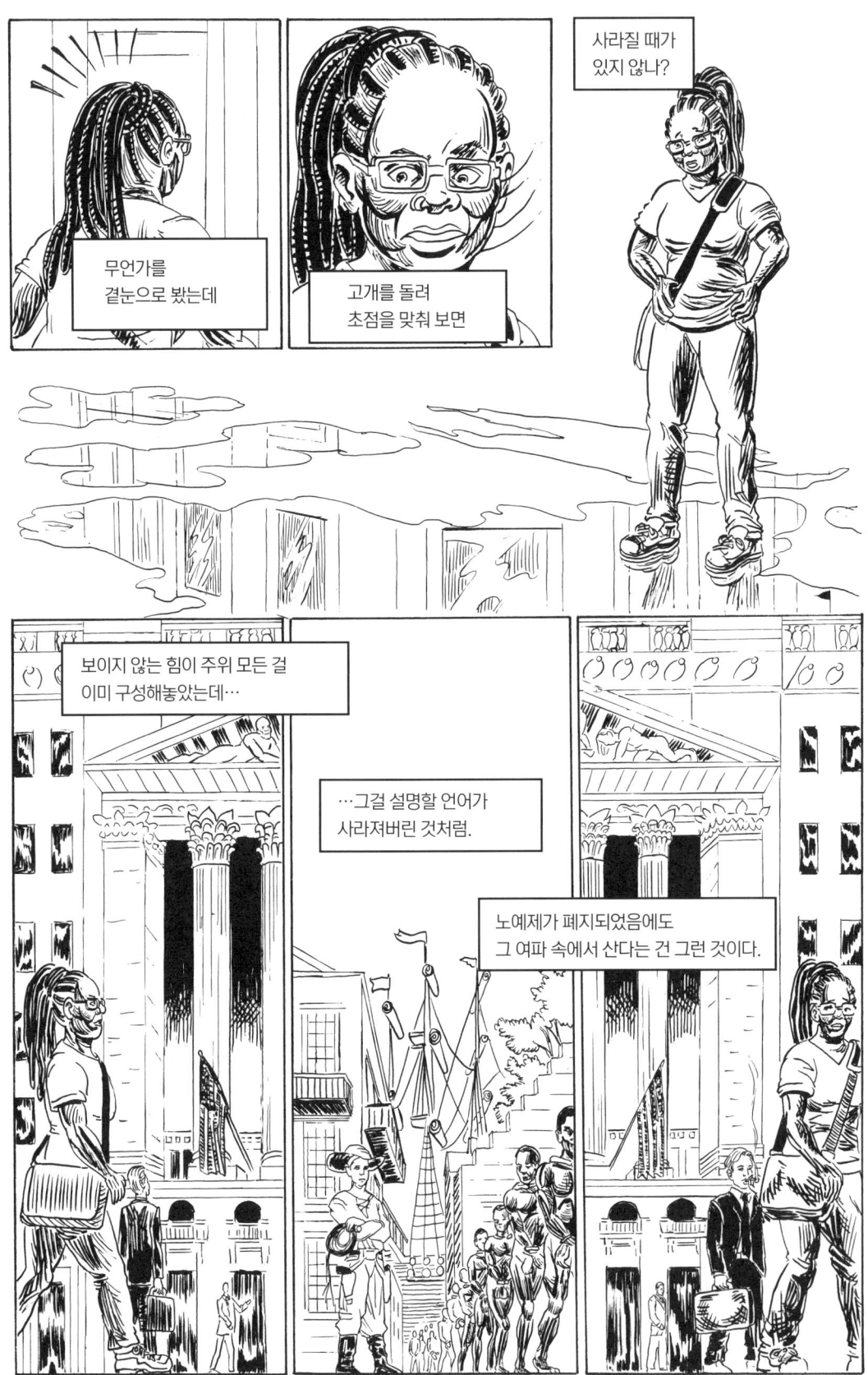

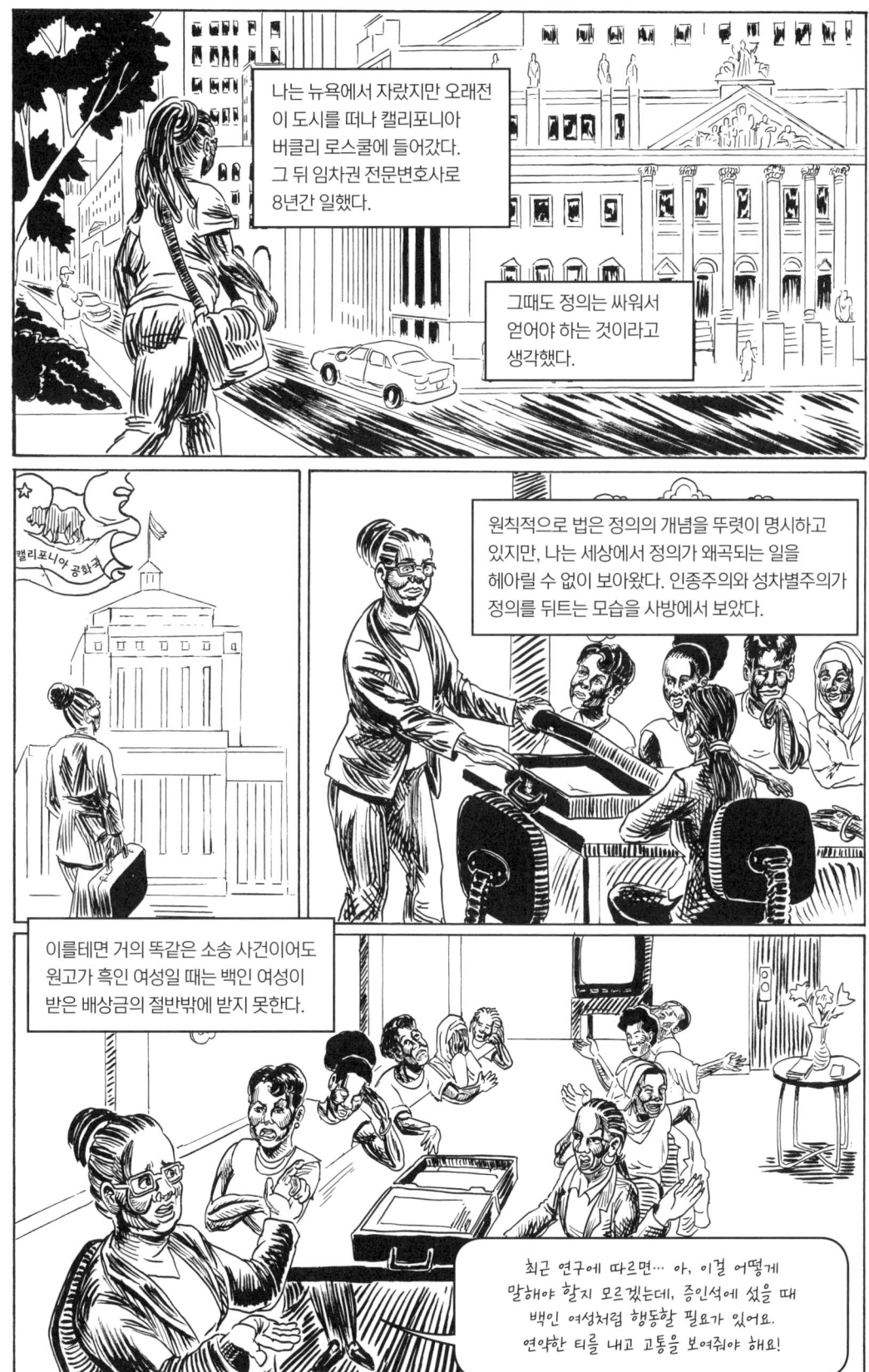

그럼 필요한 걸 어떻게 찾으려고?

이 일이 그렇지 뭐. 사막에서 바늘 찾기지.

에휴, 얼른 찾아서 돌아오면 좋겠다. 우리 둘 다 당신이 너무 보고 싶어.

아들한테 뽀뽀 전해줘.

사랑해.

그러나 뉴욕은 노예제와 노예무역을 밑거름으로 세워진 도시다.

내 고향의 역사를 파헤치면 파헤칠수록…

**테드 웨이스
연방 빌딩 공사 중**

그렇다는 사실이 사방에서 눈에 들어온다.

2장

여왕 대 흑인 노예

아니, 이미 한 말이 뭔데? 이전의 증언이 어딘가 기록되었나? 이 많고 많은, 낡디 낡은 1700년대 영국 법정 용어 사이에서 내가 놓쳐버렸나?

다시 훑어봐야겠다.

내가 찾아낸 문서에는 '돔 레지나'라는 말이 아주 많이 나온다.

'돔 레지나'는 '여왕'이라는 뜻이다. 그때 뉴욕은 아직 영국 식민지였으므로,

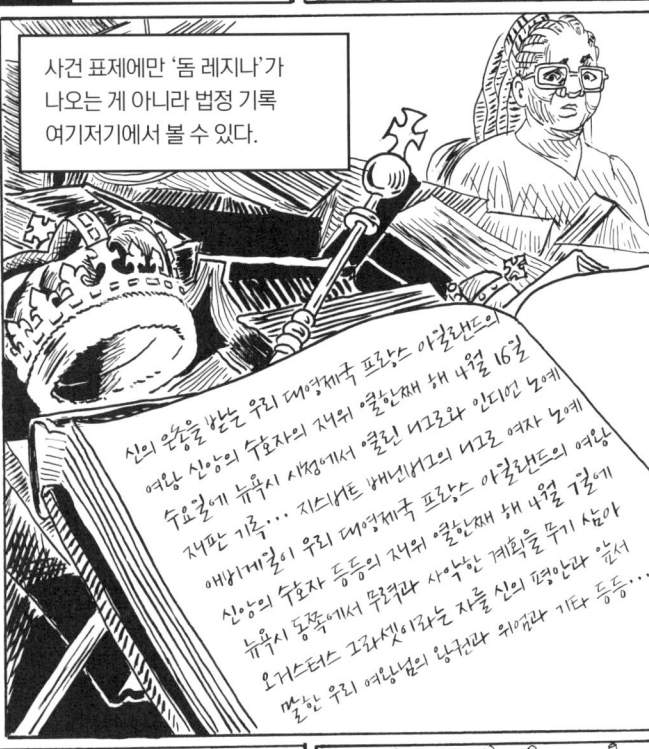

사건 표제에만 '돔 레지나'가 나오는 게 아니라 법정 기록 여기저기에서 볼 수 있다.

신의 은총을 받는 우리 대영제국 프랑스 아일랜드의 여왕 신앙의 수호자의 저위 얼한재 해 4월 16일 수요일 뉴욕시 사정에서 열린 니그로와 인디언 노예 재판 기록... 지브러트 배너네그의 니그로 여자 노예 에방게일이 우리 대영제국 프랑스 아일랜드의 여왕 신앙의 수호자 등등의 저위 얼한재 해 4월 7일에 뉴욕시 동쪽에서 무력과 사악함으로 지울 신의 평안과 앞서 오거스터스 그라셋이라는 사악한 계획을 꾸미고 싶아 말한 우리 여왕님의 왕권과 위엄과 기타 등등...

범죄가 있었다고 주장할 때마다 돔 레지나를 호명한다. 그때나 지금이나 법철학에서는 범죄를 국가를 상대로 저지른 잘못이라고 보기 때문이다.

1712년에는 여왕이 곧 국가였다. 또 날짜를 언급할 때도 여왕을 부른다. 돔 레지나가 '곧' 시간이었기 때문이다. 돔 레지나는 모든 것이고 어디에나 있었다.

운동장에서 다른 아이들을 괴롭히는 아이가 자기가 가장 힘이 세다고 반복해 말하고 또 말해서 그걸 사실로 만들려 하는 것 같았다. 어떤 면에서는 바로 그런 것이기도 했다. 그렇게 언어가 권력을 만들어내는 것이다.

3장

가혹한 취급

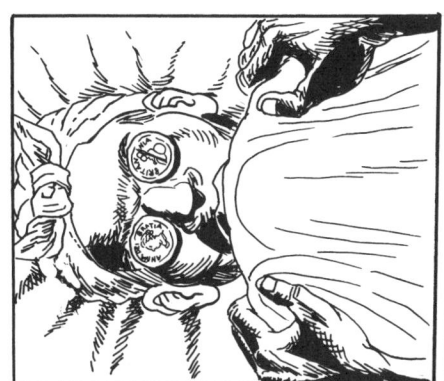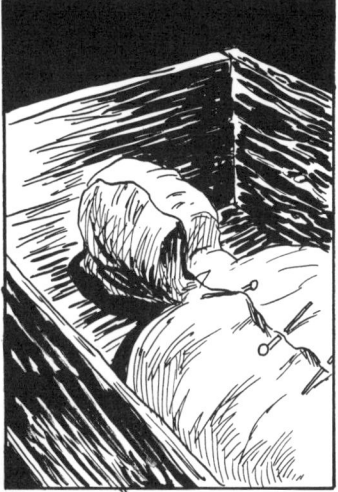

뉴욕시 아프리카인 매장지
에쿠아의 장례식

이제 갈 시간이야.
경비원이 와서 늦게까지 돌아다닌다고
두들겨 패기 전에 어서 가자.

죽을 때까지 혹사시켰어.

맞서지 않으면 다음 차례는 우리야.

내일 우물에서 만나자.

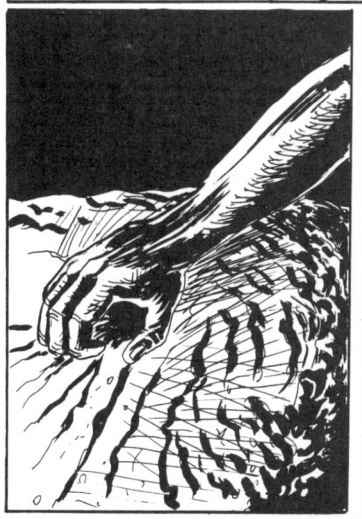
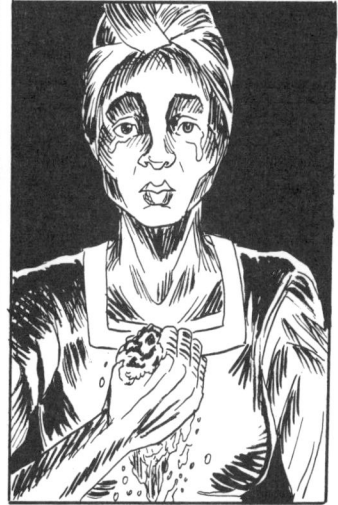

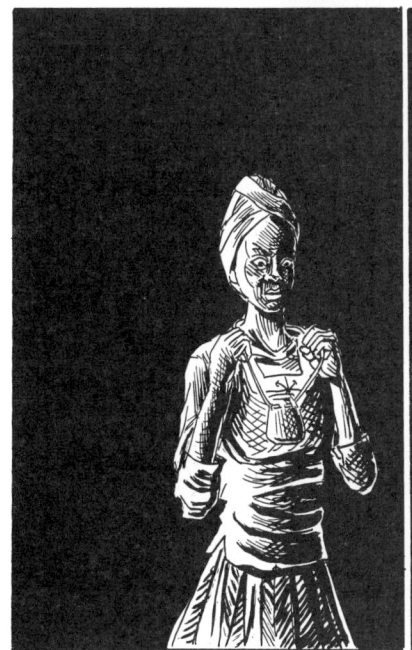

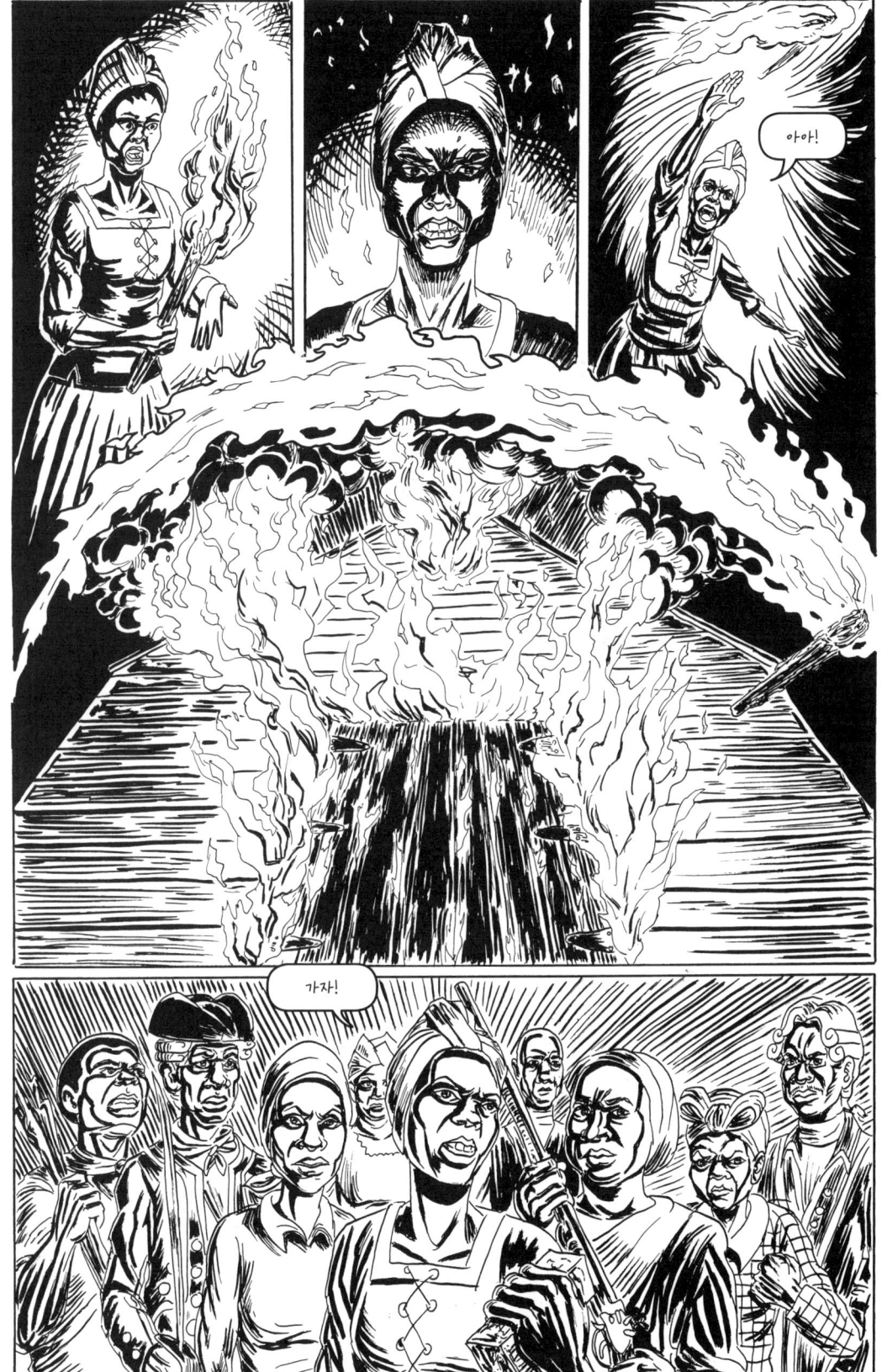

악!

뉴욕 주지사가 돔 레지나에게 보낸 편지
1712년 6월 23일

계획을 실행한 자들을 모두 발견했습니다.

여섯 명은 이미 스스로 목숨을 끊었고,

나머지는 이곳 재판관 앞에 서서 재판을 받았습니다…

스물일곱 명이 형을 선고받았는데 그 가운데 스물한 명은 처형되었고

여자 한 명은 임신 중이어서 처형이 연기되었습니다…

일부는 화형, 일부는 교수형, 한 명은 바퀴로 뼈를 으깨는 처형을 당했고

한 명은 산 채로 타운에 쇠사슬로 매달아놓아 상상할 수 있는

가장 가혹한 형벌을 주어 본기로 삼았습니다…

4장

세라 또는 애비게일

둘 중 누구였을지 알아내려면 뉴욕 식민지 주지사 로버트 헌터와 돔 레지나의 무역장관 사이에서 오간 서신을 살펴봐야 한다.

편지는 뉴욕과 영국 사이를 배로 오갔고 한번 오고 가는 데 보통 몇 주에서 몇 달씩 걸렸다.

집행 유예는 일시적 조치다. 사면권을 갖고 있는 사람은 여왕뿐이다. 1713년 3월 14일, 재판이 있고 거의 1년이 지난 뒤에 헌터는 무역장관에게 사형을 기다리는 노예들이 있음을 상기시키고는 이렇게 말한다. "작년 가을 이후로 각하의 명령을 받드는 영광을 누리지 못했사옵니다."

나는 무역장관의 비서가 쓴 1713년 4월 23일자 편지를 한 장 찾았다. 다른 사면에 관해 "여왕 폐하의 의향을 아는 대로" 바로 헌터에게 알리겠다고 되어 있다.

찾을 수가 없어. 나는 세라인지 애비게일인지에게 무슨 일이 일어났는지 영영 알 수 없을 거야.

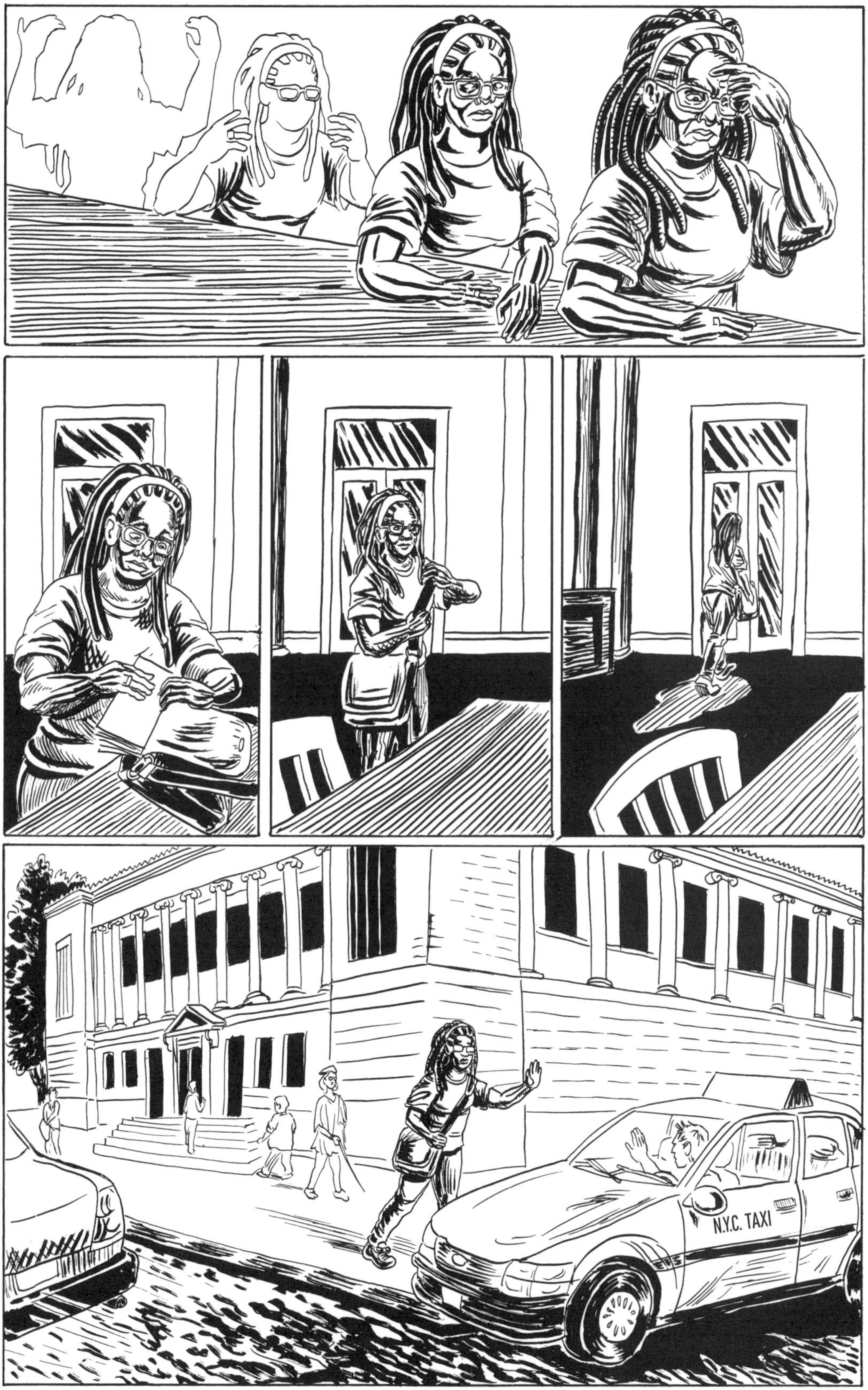

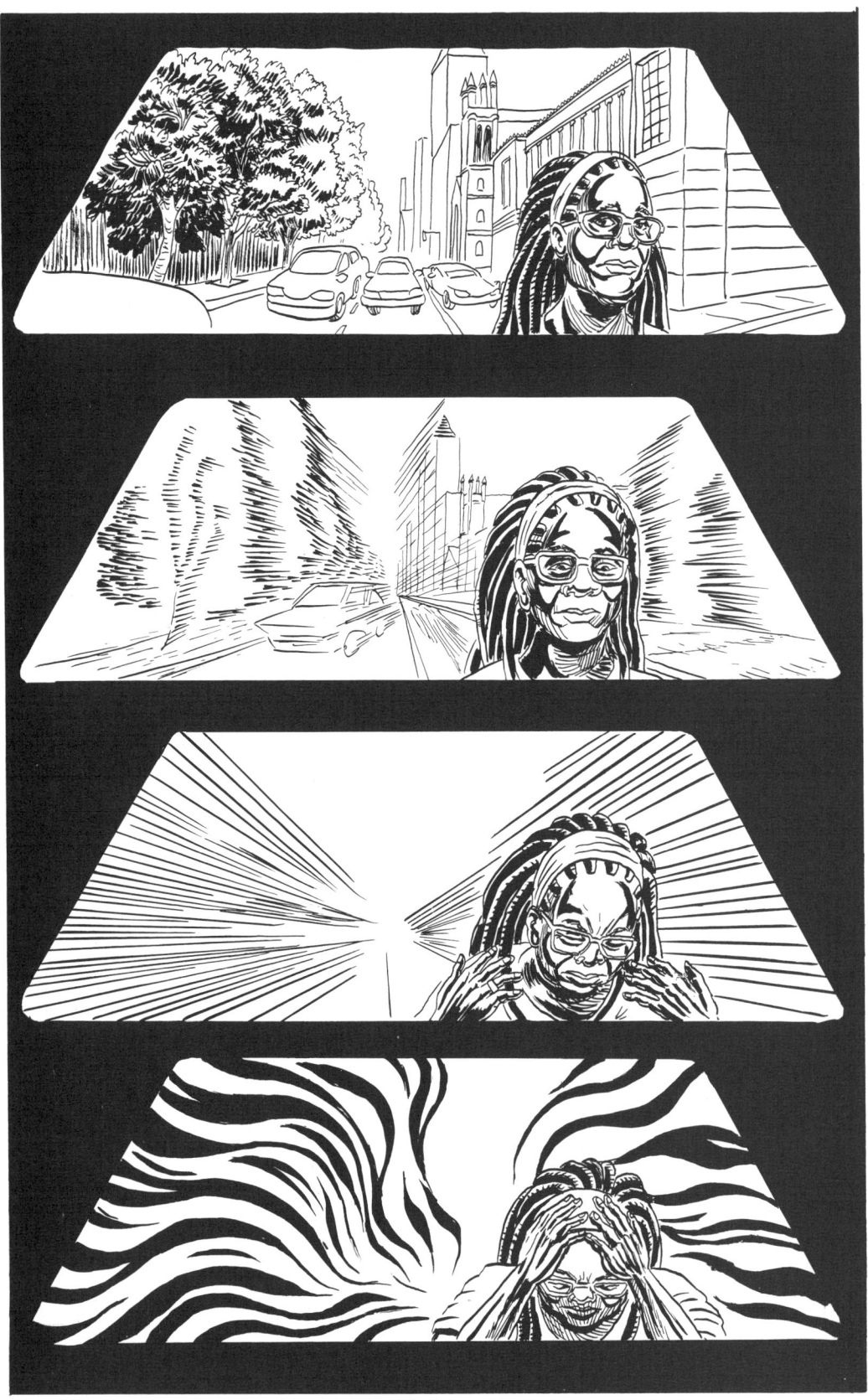

5장

니그로 악마를 찾아서

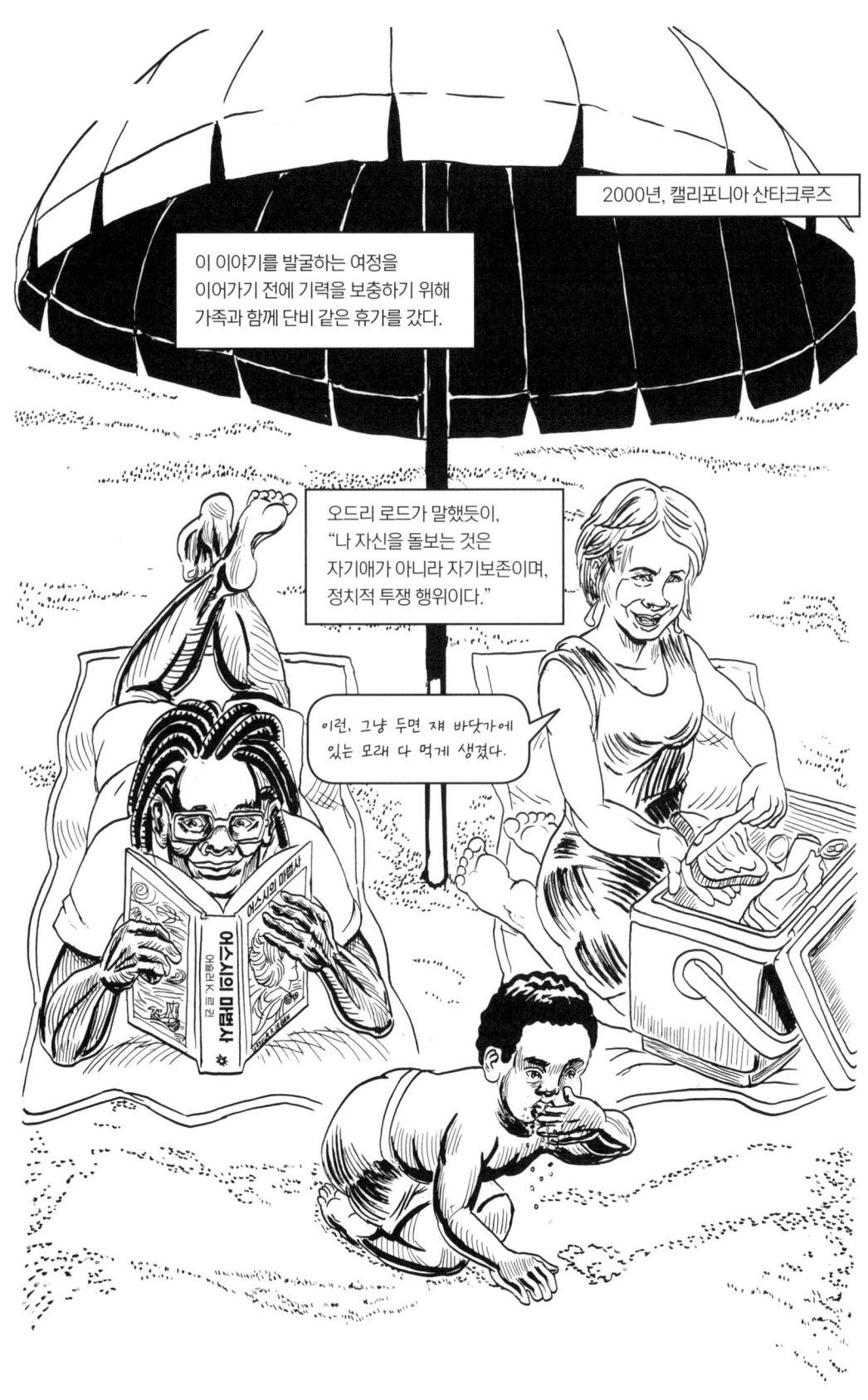

나중에 미국이 될 영국 식민지에는 신문이 딱 한 종밖에 없었다. 《보스턴 뉴스레터》라는 주간신문이었다.

2월 9~16일자 신문. 1707년 1월 26일 일요일 밤에 지주 윌리엄 할렛 2세, 그의 아내와 다섯 아이가 본인의 노예인 인디언 남자와 니그로 여자에 의해 살해되었다. 두 사람은 체포되어 죄를 자백했다.

이 정보 한 토막에서 시작해, 문서고 안으로 깊이 들어가 이 여자와 반란에 관련된 이야기를 찾을 것이다.

백인 일곱 명이 살해당했고 노예 네 명이 처형된 사건인데도 이 일은 노예 반란의 역사에서 거의 완전히 지워져 있었다.

게다가 노예 통제 방식의 기틀이 된 법령이 생기는 계기가 되어 뉴욕을 그냥 '노예가 있는' 사회에서 '노예제도가 있는' 사회로 바꿔놓은 결정적 사건이었음에도.

나는 신문, 정부 내에서 오간 서신, 토지 문서, 심지어 이 사건을 다루는 19세기 '역사' 책까지 뒤져 최대한 이 사건을 재구성했다.

이 반란에 참가한 노예의 이름 중 내가 찾을 수 있었던 유일한 이름은 '인디언 샘'이었다. 여자는 '니그로 계집' 혹은 '니그로 악마'라고만 언급되었다.

영국 법 체계
1. 보통법
2. 성문법

뉴욕은 영국의 식민지였고 따라서 영국법을 따랐다. 영국 법제도에는 두 종류의 법이 있다(오늘날 미국도 식민지시대에 법제도를 이어받아 마찬가지이다). '보통법'은 실제 사건의 판사들이 내린 판례로 나중에 같거나 비슷한 사건에 적용되는 법을 말하고, '성문법'은 정부가 제정한 법령을 말한다.

1. 액투스 레우스: 범죄 행위
2. 멘스 레아: 범의(guilty mind)

영국법은 사건에 따른 형벌을 매우 구체적으로 명시했다. 형법에서는 일단 범죄 행위(예: 살인)가 있고, 상황에 따라 부여된 행동의 의미가 있다. 예를 들면 '살인' 행위는 범죄로 분류되지 않는 자기방어일 수도 있고, 고살(우발적 살인이나 과실치사 등 애초에 죽이려던 의도가 없었던 살인—옮긴이)일 수도 있고, 미리 계획해서 저지른 1급 살인일 수도 있다.

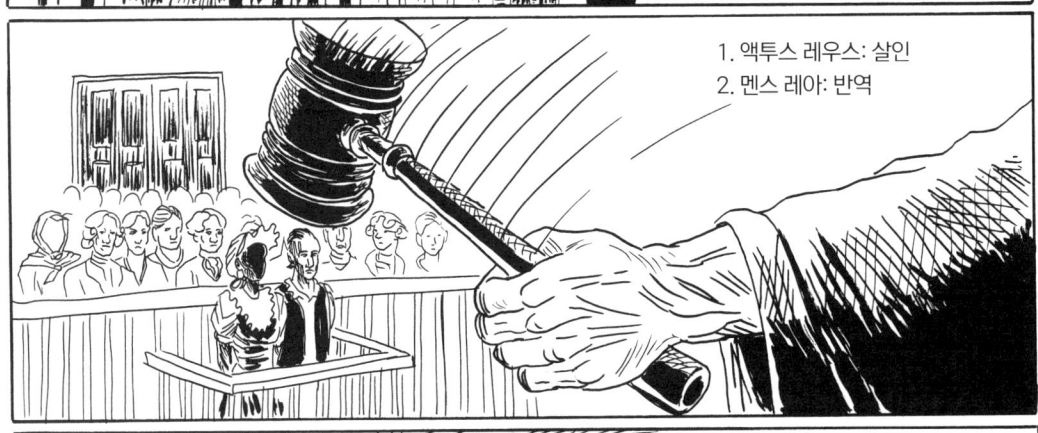

1. 액투스 레우스: 살인
2. 멘스 레아: 반역

한참 전으로 거슬러 올라가 1352년에 에드워드 3세가 여자가 남편이나 주인을 살해하면 그 살해는 '반역'이며 그에 따른 처벌은 화형이라는 법령을 만들었다. 이런 행위는 '살인'이 아니라 국가에 대한 '반역'으로 간주된다. 여자의 남편이나 주인은 '자연 군주'로 간주하므로, 남편이나 주인을 죽이는 것은 국왕을 죽이는 것과 같았다. 따라서 국가에 대한 범죄가 되는 것이다.

1. 가부장제의 정수와도 같은 법이다.
2. 말 안 해도 알겠지만

"권력의 극치는 불가시성인지도 모른다. 궁극적 과제는 그 뿌리를 밝히는 것이다."
— 미셸-롤프 트루요

6장

그들이 내 목소리를
끊었으므로
두 목소리를 길렀다

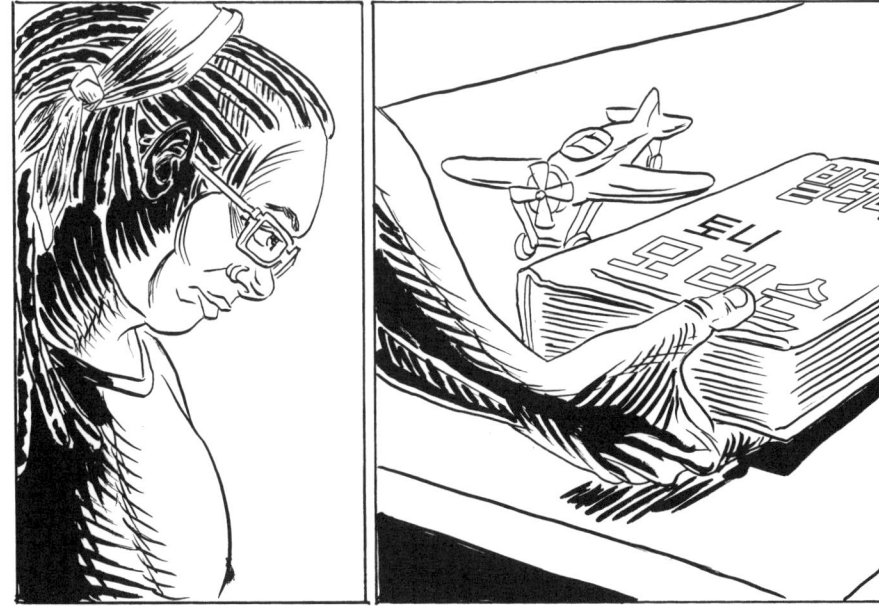

제가 나이 들고 할머니와 할머니 삶에 대해 더 많이 알게 되면서 할머니의 꺾이지 않는 정신, 노예이셨던 분들을 포함해 제 조상 모두의 정신을 느끼게 됐어요.

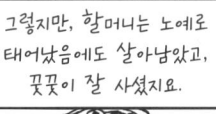

지금 제가 하는 일은 힘들고 고통스러워요.

너무나 고통스러워요.

할머니의 지지와 축복을 받고 싶어 이렇게 할머니를 부릅니다.

그렇지만, 할머니는 노예로 태어났음에도 살아남았고, 꿋꿋이 잘 사셨지요.

우리가 어떻게 노예제를 버텨낼 수 있었는지 상상도 안 가지만 어쨌든 우린 이겨냈어요.

이제 저는, 우리가 그걸 버텨낼 수 있었다면 지금 현재도 버텨낼 수 있을 거라고 믿어야겠지요.

* 스위트 허니 인 더 록(Sweet Honey in the Rock), '송 오브 디 엑자일드(Song of the Exiled)' 카네기홀 라이브, 1987.

내가 하던 조사를 이어가 그 이야기를 계속 써야만 한다는 걸 알았다.

노예제의 여파 속에서 살아간다는 것은 그런 것이다. 죽은 자들을 지켜내고, 기록에서 지워버림으로써 그들에게 가해진 폭력과 싸워야 한다.

우리 조부모님은 노예제에서 살아남았다. 쉬운 일은 아니었다.

두 분은 수십 년 동안 수위로, 하녀로 일하며 모은 돈으로 산 집을 인종주의자들의 폭력에 잃고 말았다.

두 분은 흑인 대이동의 물결을 이어 오마하에서 시카고로 이주했다. 당연한 이야기지만 할머니는 지쳐 있었다. '하나도 안 피곤해'라는 노래를 부를 때조차도.

그렇지만 해리엇 할머니의 정신, 역경 속에서도 잃지 않던 기쁨… 그것이 내 안에서 타오르는 게 느껴진다.

조사를 계속하려면 다음 여정은 런던이 될 것이다.

미국 식민지와 노예로 이룩한 대제국의 중심지.

참, 옷도 챙겨야지.

7장

영국과 노예무역

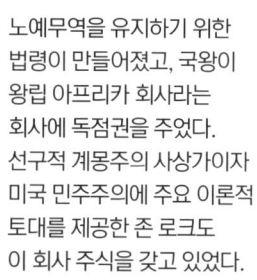

노예무역을 유지하기 위한 법령이 만들어졌고, 국왕이 왕립 아프리카 회사라는 회사에 독점권을 주었다. 선구적 계몽주의 사상가이자 미국 민주주의에 주요 이론적 토대를 제공한 존 로크도 이 회사 주식을 갖고 있었다.

악명 높은 브룩스 도면도 노예무역을 관리 감독하는 과정에서 만들어졌다.

그림 위쪽을 보면 '노예무역 규제하에 있는 영국 노예무역선 브룩스의 화물칸'이라고 적혀 있다. 1788년 노예무역법을 따라 배에 최대로 수용할 수 있는 노예의 수를 보여주는 그림이다.

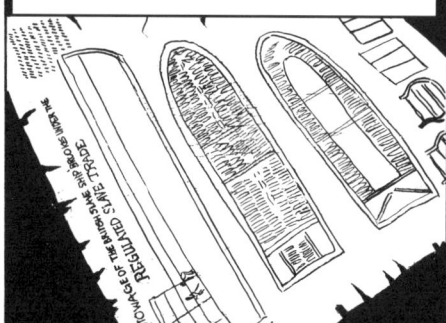

이걸 복사해서 제 미국 주소로 보내주실 수 있어요?

이것도요?

이것하고요.

이것은 아주 중요한 역사다. 그런데 학교에서 잘 가르치지 않는 데다 가르치더라도 엉망으로 가르친다. 학생들은 유럽인들이 서아프리카에 가서 석기시대 상태로 살던 미개한 아프리카인들을 잡아왔다고 배우거나,

아니면 그 반대로 배운다. 아프리카인들이 자기 형제자매를 노예로 팔아넘겼고 유럽인들은 그냥 있는 공급을 받아 활용했을 뿐 아무 잘못이 없다는 것이다.

두 가지 패러다임 모두 틀렸다. 역사는 이런저런 설명보다 훨씬 복잡하다. 또한 역사는 정의상 시간이 흐르며 일어난 변화를 탐구한다. 400년에 이르는 대서양 무역 역사에도 많은 변화가 있었다.

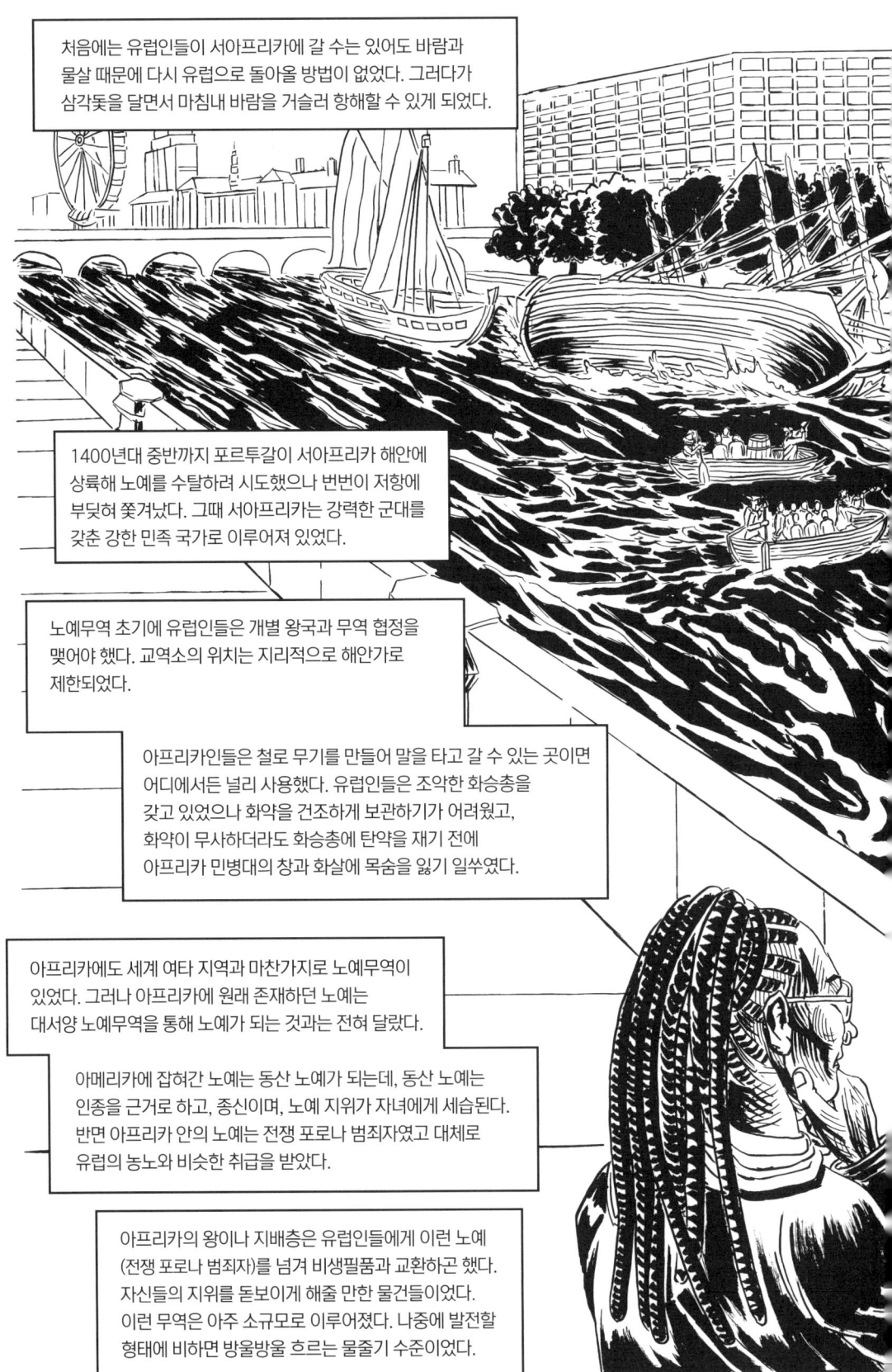

시간이 흐르면서 두 가지 변화가 나타났다. 첫째, 유럽이 아메리카 대륙을 식민화하면서 엄청나게 많은 노동력이 필요하게 되어 노예에 대한 수요가 급등했다. 둘째로, 유럽 군사력이 발전하여 서아프리카 왕국을 능가하게 되었다.

1600년대 중반 이 두 요소가 결합하여 서아프리카를 초토화했다. 유럽 열강은 노예 '공급'을 최대화하기 위해서 물물교환을 전략적으로 이용했다. 이게 이른바 '총과 노예 사이클'이라는 것으로 발전했다.

노예무역상이 총 한 정을 포로 한 명과 교환해주기 시작했다. 아프리카 왕국은 적국에 붙잡혀 노예로 팔리지 않으려면 무장을 해야 했고, 그래서 적을 잡아서 유럽인들에게 주고 총을 받았다.

노예제를 연구하는 역사가가 들여다보아야 할 자료 가운데 가장 읽기 고통스러운 자료이다. 그냥 하는 말이 아니다.

이런 항목을 읽으면 토할 것 같다.

5월 20일: 노예 200명 확보, 425명 승선.
· 8번 노예 사망.
· 1770년 5월 31일 휘다항 출항.

혹은 이런 것.

6월 7일: 노예들 건강, 특별 사항 없음.
6월 13일: 9번 여자아이 노예 사망.
6월 14일: 10번 머니페니 선장이 구입한 여자 노예 사망.
6월 15일: 11번 남자 노예 사망.
6월 16일: 12번 여자 노예 사망.

선장은 각 노예의 죽음을 기록해야 했다. 노예들은 낙인이 찍히고 번호가 매겨졌다.

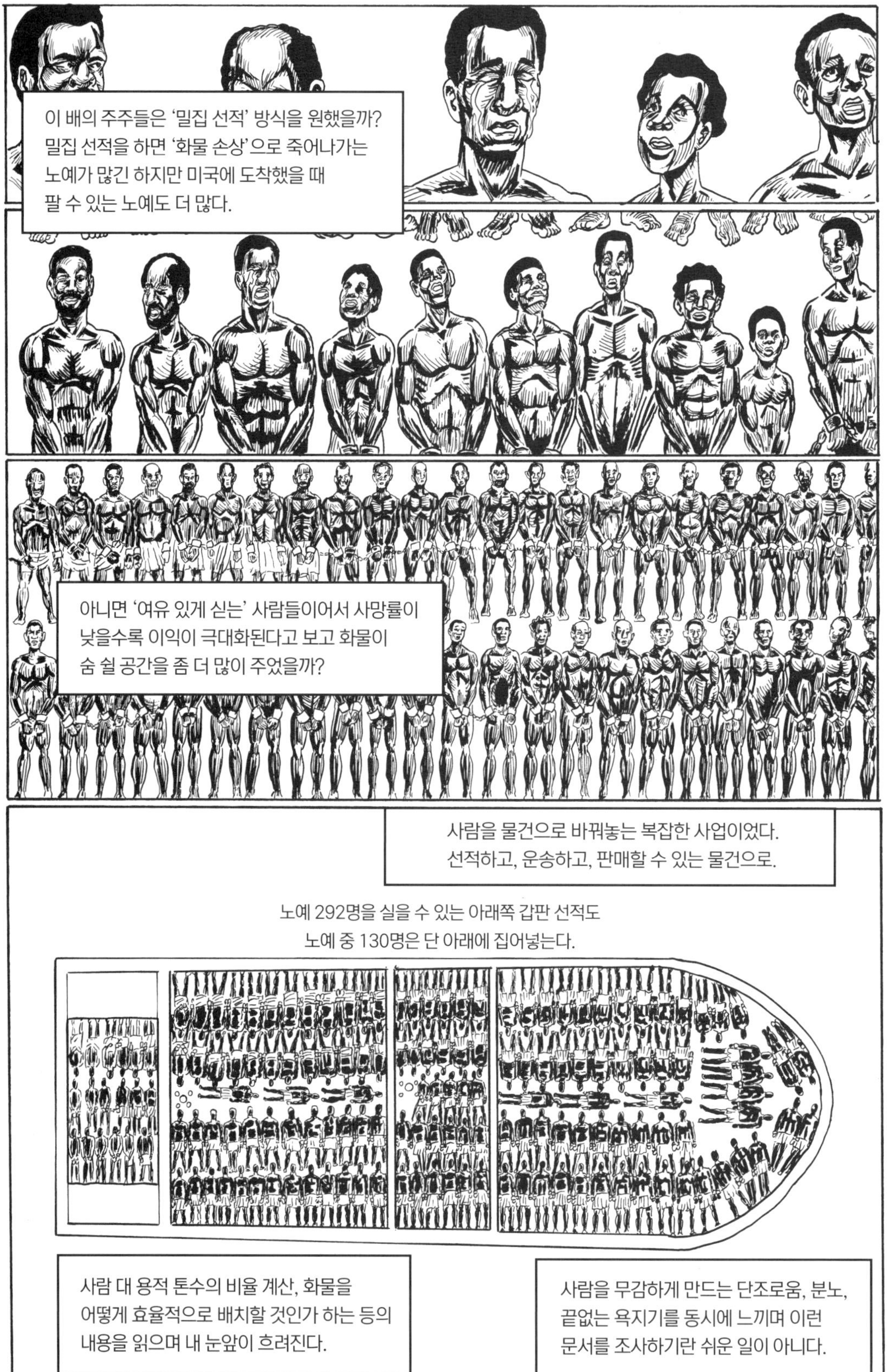

이 배의 주주들은 '밀집 선적' 방식을 원했을까?
밀집 선적을 하면 '화물 손상'으로 죽어나가는
노예가 많긴 하지만 미국에 도착했을 때
팔 수 있는 노예도 더 많다.

아니면 '여유 있게 싣는' 사람들이어서 사망률이
낮을수록 이익이 극대화된다고 보고 화물이
숨 쉴 공간을 좀 더 많이 주었을까?

사람을 물건으로 바꿔놓는 복잡한 사업이었다.
선적하고, 운송하고, 판매할 수 있는 물건으로.

노예 292명을 실을 수 있는 아래쪽 갑판 선적도
노예 중 130명은 단 아래에 집어넣는다.

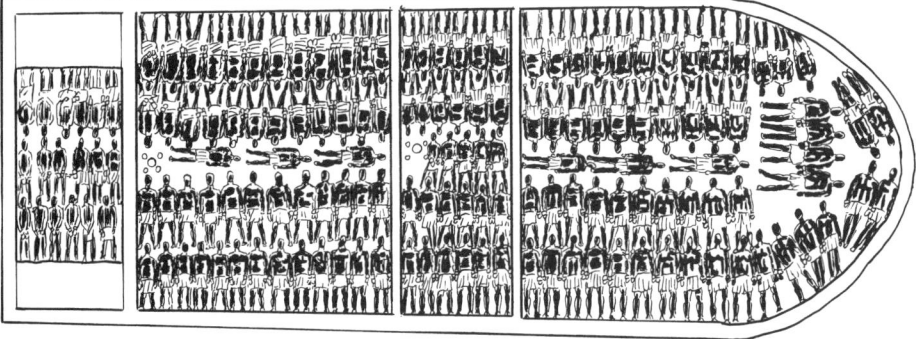

사람 대 용적 톤수의 비율 계산, 화물을
어떻게 효율적으로 배치할 것인가 하는 등의
내용을 읽으며 내 눈앞이 흐려진다.

사람을 무감하게 만드는 단조로움, 분노,
끝없는 욕지기를 동시에 느끼며 이런
문서를 조사하기란 쉬운 일이 아니다.

어느 시점에 나는 내가 읽는 내용에 대해 마음을 닫아야 했다. 그러지 않고는 도저히 수백 권이나 되는 노예선 일지를 읽어나갈 수가 없었다. 나는 요약해서 메모하기 위해 굶주림에 의한 죽음, 폭력에 의한 죽음, 반복적 강간에 의한 죽음 등을 나타내는 약어를 만들기 시작했다.

이 참혹함 앞에서 감정적으로 거리를 두고 냉담함을 유지하는 나 자신이 역겹게 느껴지기도 했다. 이건 모두가 패자가 되는 게임이었다.

그러나 위안을 주는 것도 있었다. 노예무역상들이 아프리카인들을 화물로 취급하면서도 그들을 얼마나 두려워했는지를 보여주는 뚜렷한 증거 같은 것. 또 선상 노예 반란 기록이 얼마나 많은가 하는 것.

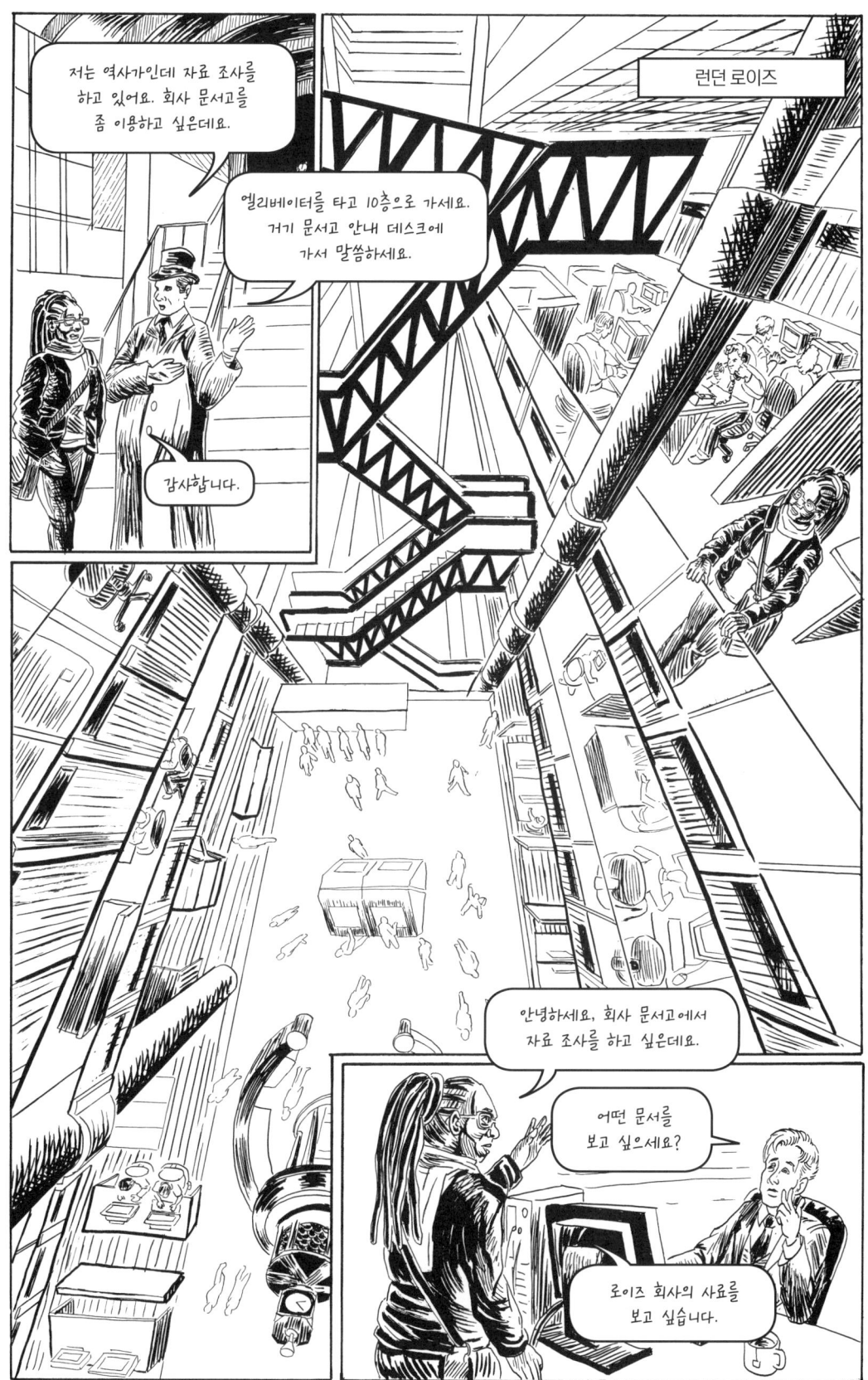

8장

짐짝의 반란

* 베렌트 외., 「강제의 대가」, 《이코노믹 히스토리 리뷰》 vol. 54, No 3 (August 2001): 460.

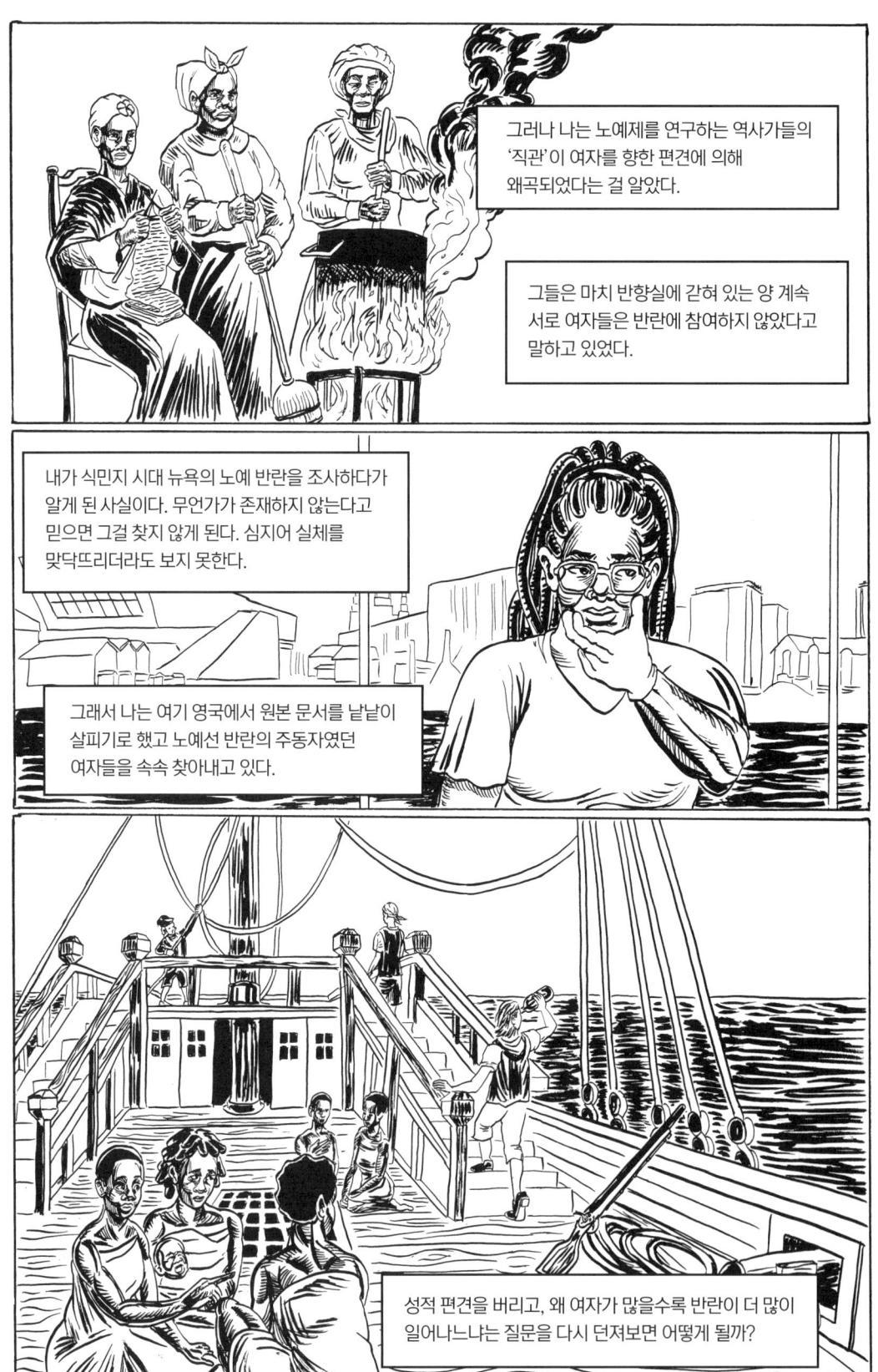

나에게는 답이 너무나 명백하다고 느껴졌다. 노예무역을 관리하고 노예무역선 관리 절차를 개발하고 배를 운영하는 사람들이 여자들은 대부분 사슬로 구속하지 않은 채 갑판 위에, 무기 가까이에 두었다.

추밀원 고문관 보고서 (1789)
성인 남성 노예는 족쇄를 채워 주갑판에 둔다.
남자아이는 자유롭게 주갑판에 둔다.
여자나 여자아이는 족쇄 없이 선미 갑판에 둔다.

여자들은 비교적 자유롭게 돌아다닐 수 있었으므로 무기에 접근하고 반란을 계획하고 추동할 수 있었다.

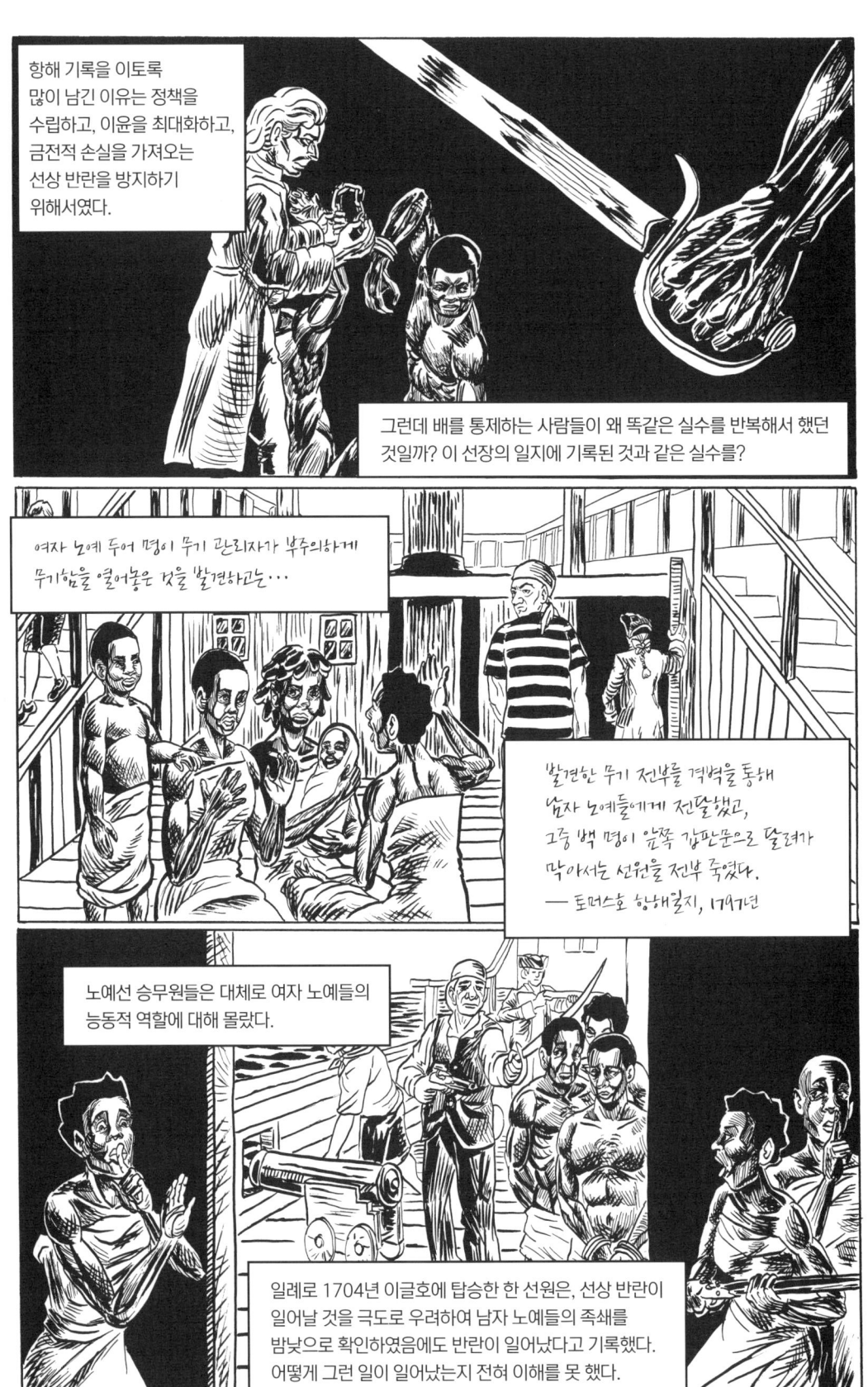

배에 탑승한 뒤 처음에는 아프리카 해안에서 멀어지기 전까지 남자와 여자 모두 아래쪽 갑판에 사슬로 묶어놓는다.

더는 읽을 수가 없었다.
휴식이 필요했다.

해양 문서고

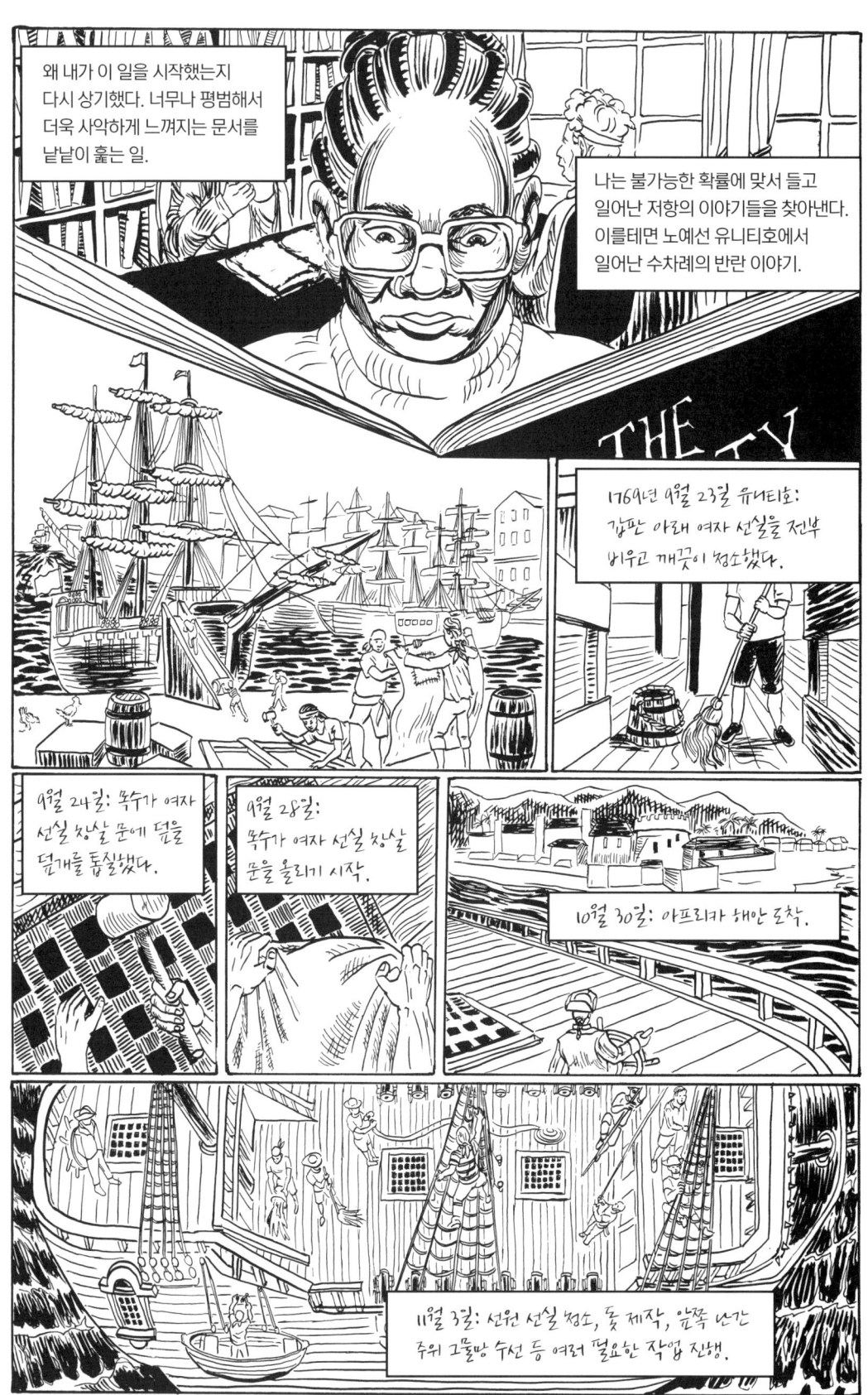

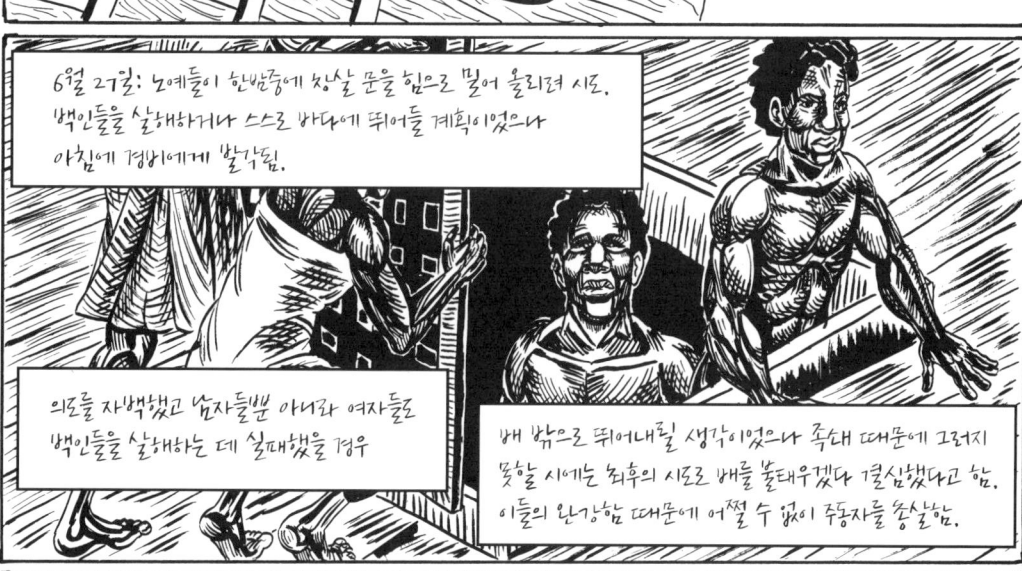

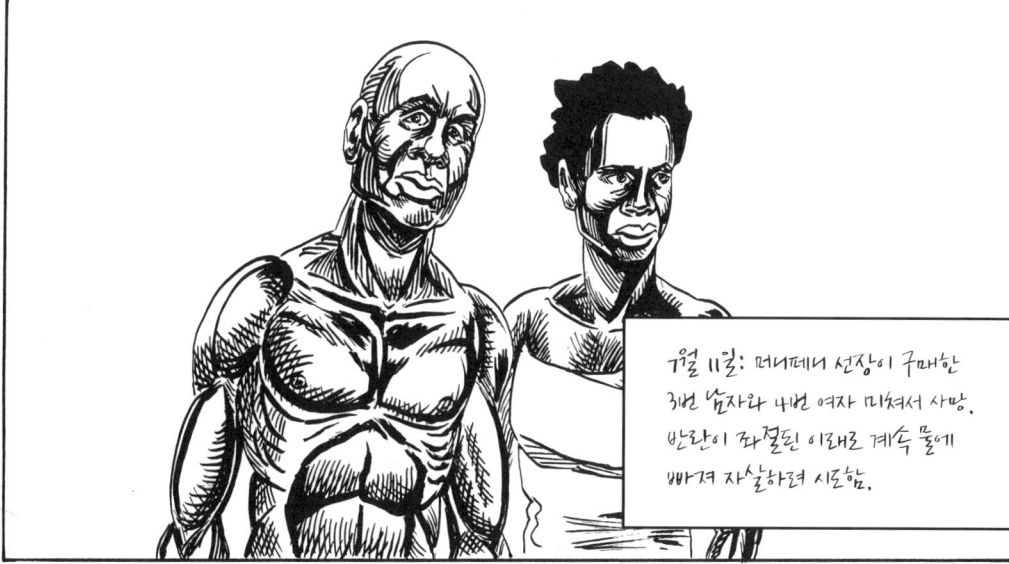

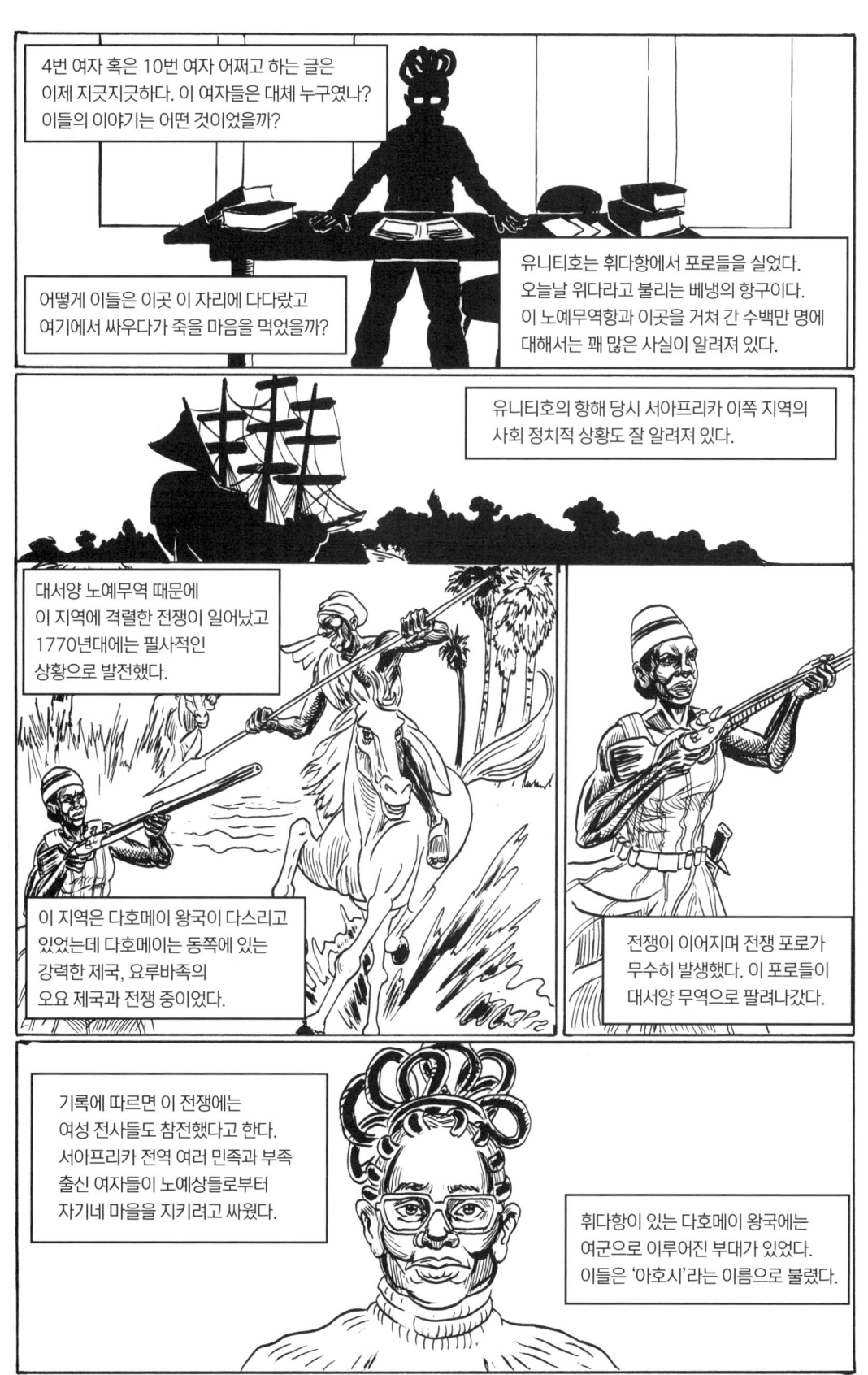

9장

물은 모든 것을 기억한다

* 다호메이의 왕을 부르는 명칭

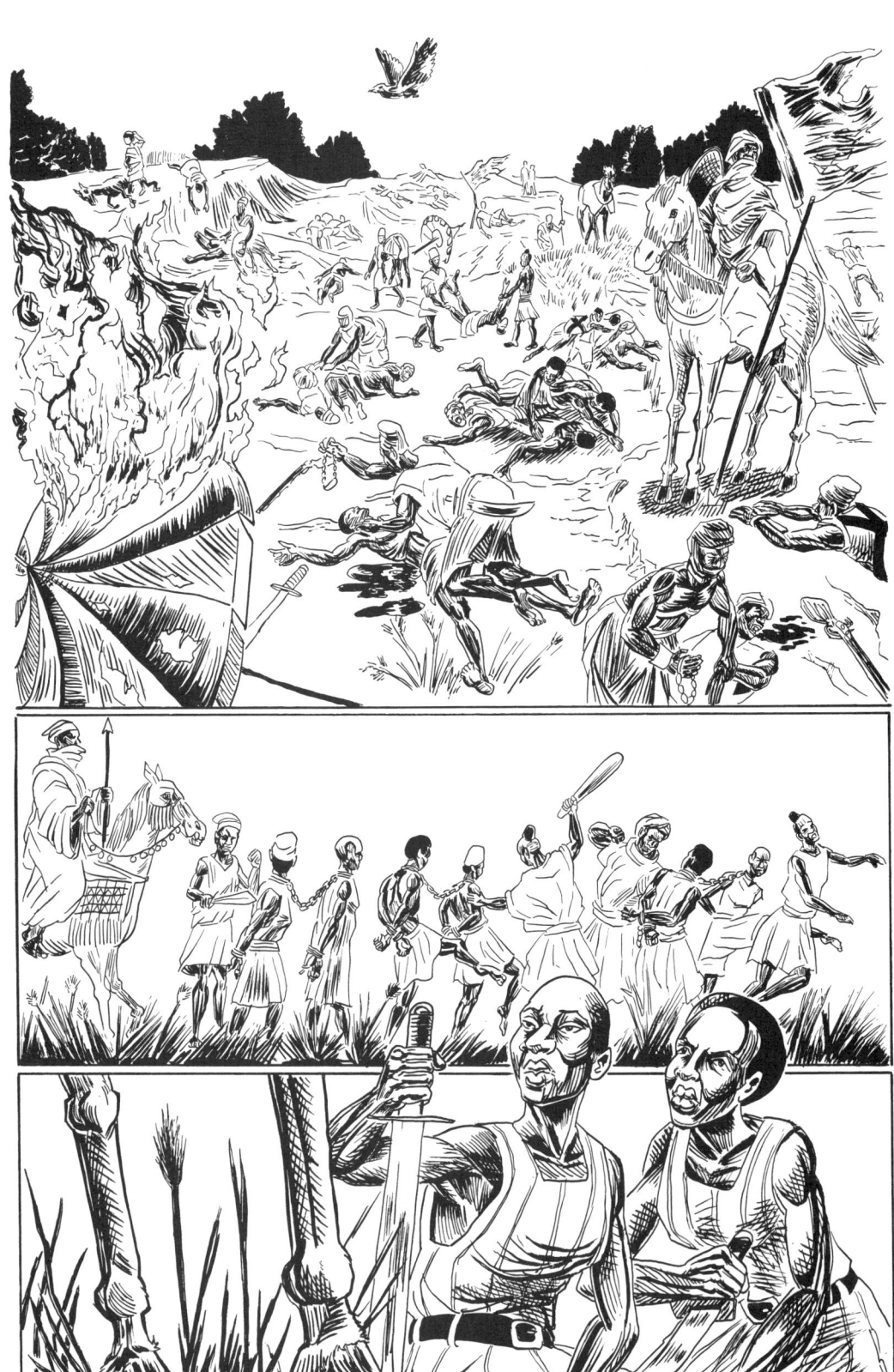

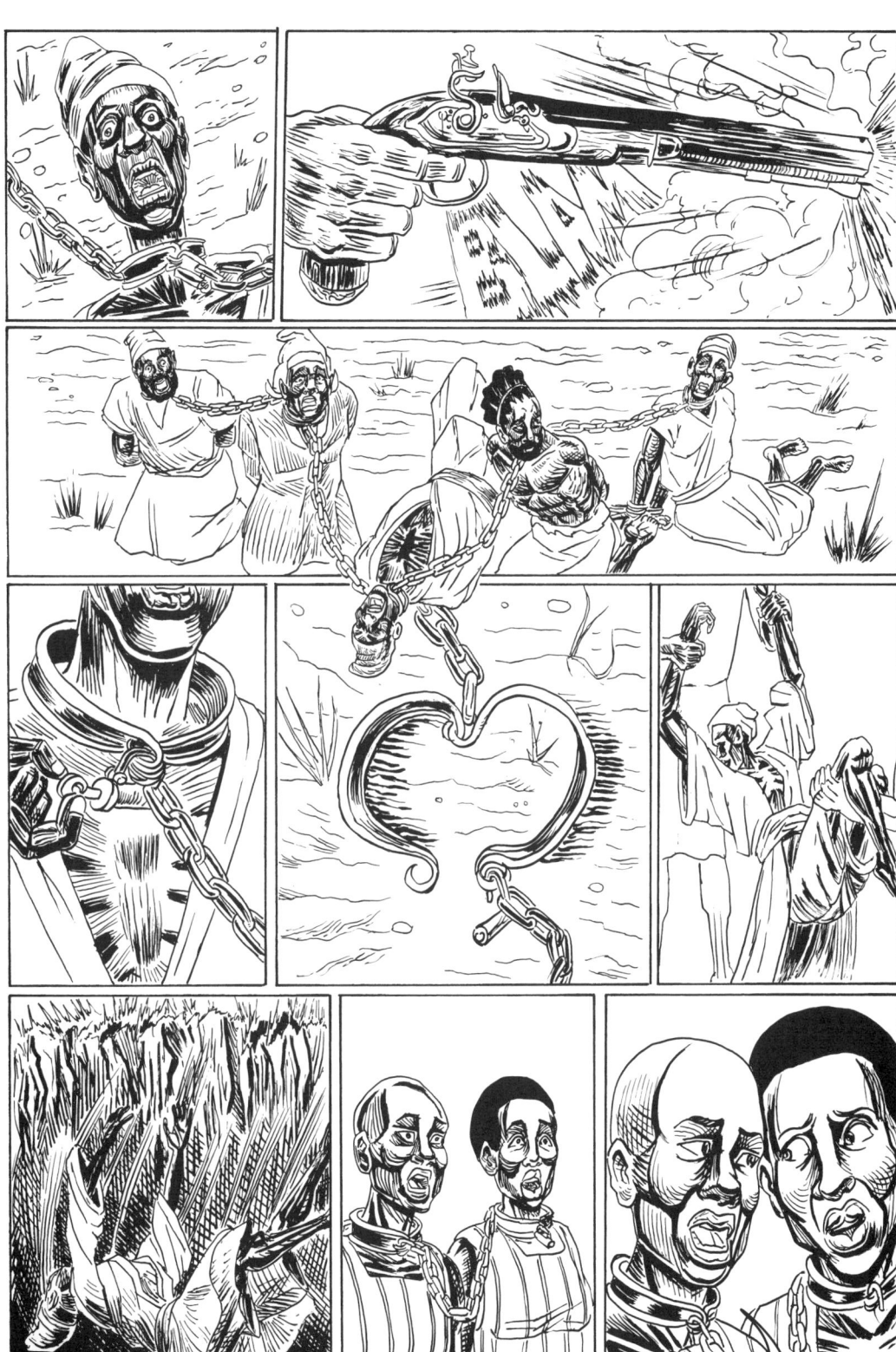

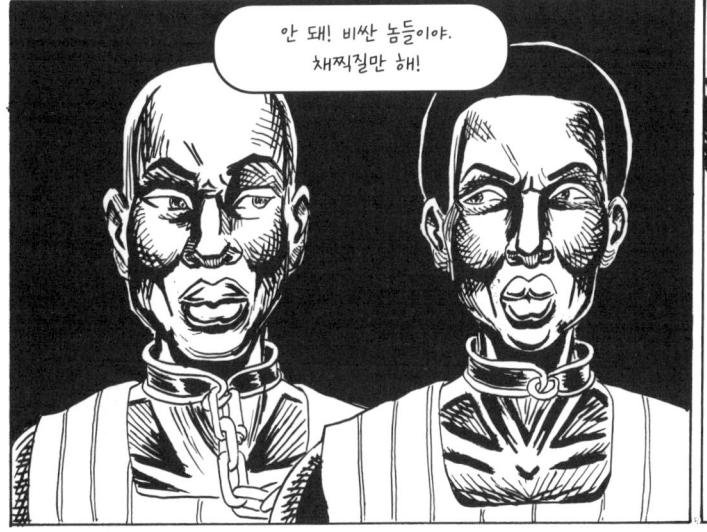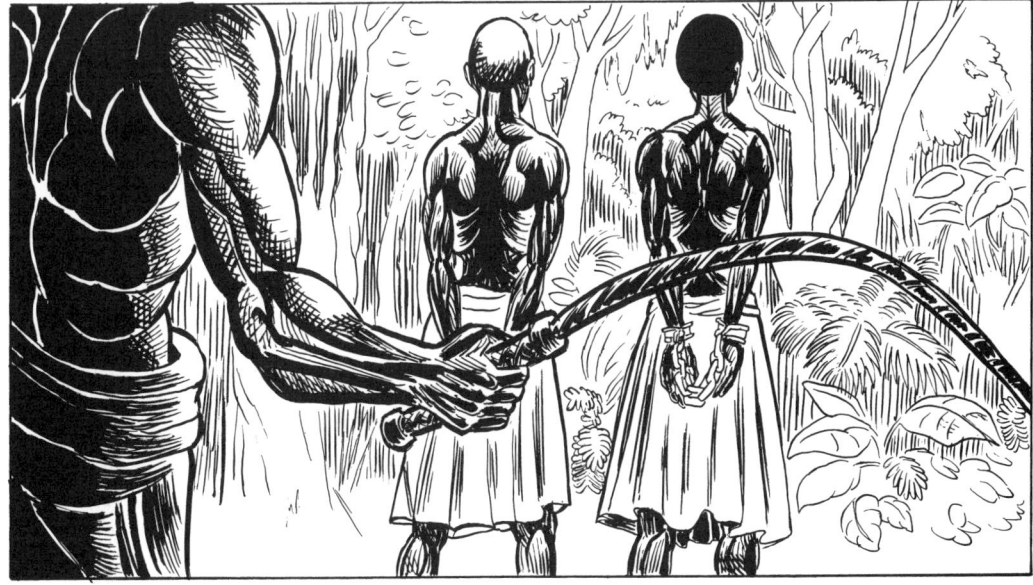

휘다 노예무역항

10장

지속되는 혈통*

*잽 마마(Zap Mama)의 앨범명. 〈Ancestry in Progress〉(2004)

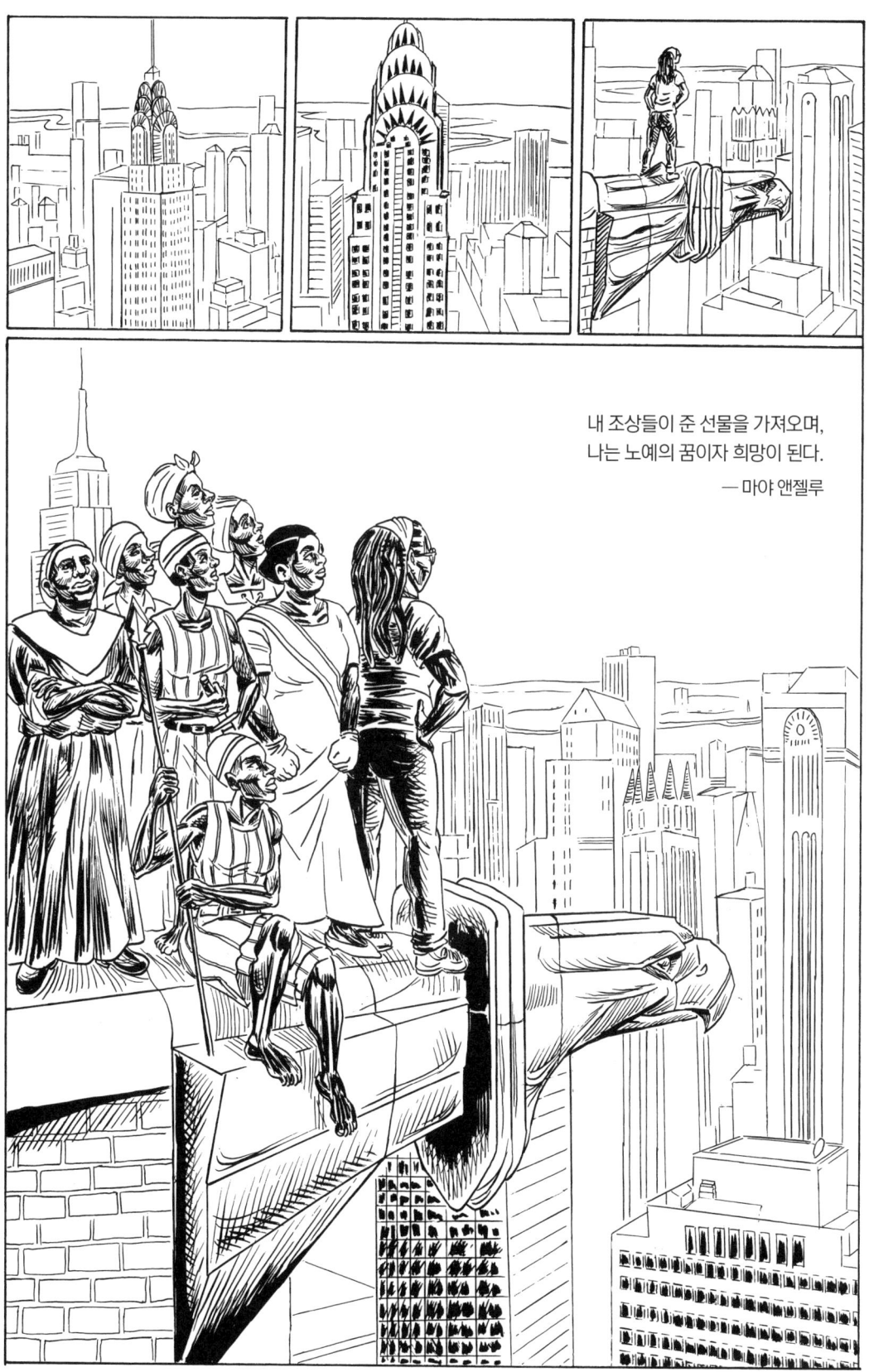

내 조상들이 준 선물을 가져오며,
나는 노예의 꿈이자 희망이 된다.

— 마야 앤젤루

219

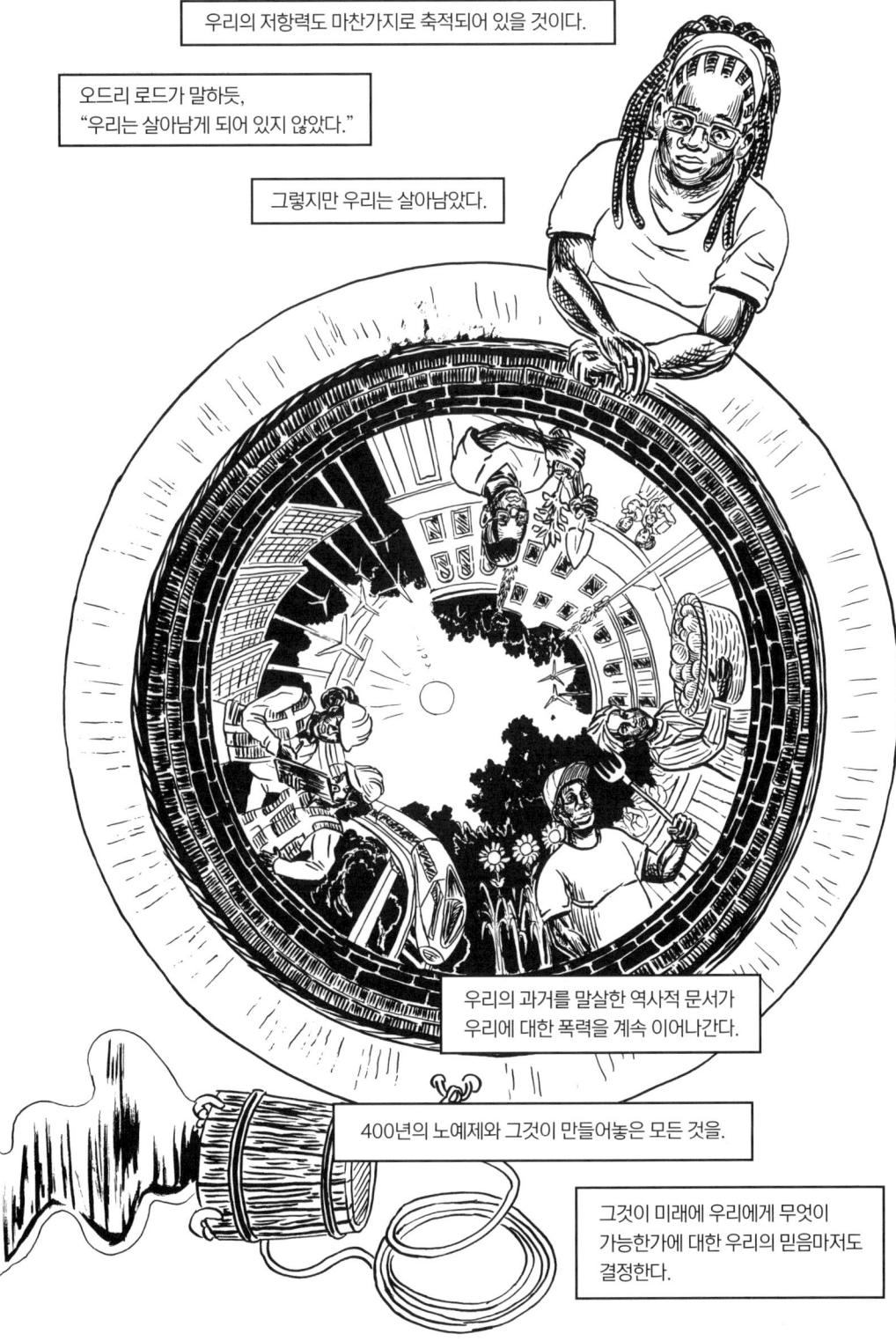

감사의 말

이 책은 할머니 해리엇 소프 홀Harriet Thorpe Hall, 1860~1927을 위해 그리고 노예제에 맞서 싸운 여자들과 그 여파 속에 사는 우리 모두를 위해 썼다.

32년 동안 나의 동반자로 함께하는 비 해먼드의 지지가 없었다면 이 책은 쓸 수 없었을 것이다. 내가 인종주의적 차별로 인해 네 번째로 교수직에서 해임된 뒤, 우리는 백인이 지배하는 제도권 밖으로 나가야 한다고 결심했다. 비 해먼드가 가정을 돌보는 동안 내가 앞으로 뭘 할지 궁리했고, 그 결과로 학위 논문과 학술지에 발표한 글을 이 그래픽 노블로 재탄생시킬 수 있었다. 또 아들 케일럽이 있어 아무리 힘든 상황이 닥쳐도 진정 중요한 것에 집중할 수 있었다.

에이전트이자 나의 천사 안잘리 싱은 모호한 아이디어밖에 없었던 나에게 출간 제안서를 쓰는 법부터 모든 출간 과정을 가르쳐줬다. 내가 이 책의 가능성을 믿을 때까지 계속 일깨운 그는 나와 이 프로젝트를 위해 어미 사자처럼 싸웠다.

케이트 새비지는 내가 책 속의 캐릭터가 된다는 아이디어를 냈을 뿐 아니라, 나를 성실하고 완벽하고 탁월한 예술가 휴고 마르티네스에게 연결해준 친구다. 휴고는 생생한 그림으로 이 책에 생명을 불어넣었다. 또 논문만 쓰던 내가 시각적인 글을 쓰지 못할 때 용기를 준 캐럴라인 브루어, 팬데믹 중에 방향 감각과 동기를 잃고 헤맬 때 다섯 시간씩 통화하며 최종 원고를 수정할 힘을 준 40년 지기 세라 베스 허프바우어에게 감사를 전한다.

내게 페미니즘 이론과 논문을 지도해준 도나 해러웨이Donna Haraway 선생님은 노예 반란 속 여성들에 관한 내 연구를 여러 방면에서 지지해줬다. 내가 박사 학위를 받고 15년이 지난 후까지도. 이 너그러운 지원과 믿음으로 길을 잃지 않을 수 있었다.

마지막으로 부모님께 감사드린다. 어머니 그웬돌린 미들로 홀$^{Gwendolyn\ Midlo\ Hall}$은 내가 역사를 연구함으로써 세상에 중대한 영향을 끼칠 수 있음을 알게 해주셨다. 종종 할머니의 이야기를 들려준 아버지 해리 헤이우드$^{Harry\ Haywood}$는 끝없는 백인 우월주의 범죄 앞에서 용기와 자긍심을 잃지 않고 싸움을 이어가는 법을 실제 삶으로 보여주셨다.

―리베카 홀

이런 믿을 수 없는 기회를 준 리베카 홀 박사에게 감사한다. 케이트 새비지, 킥스타터 후원자들, 리 샴페인, 제시 모스, 댄 브로너, 진 메너릿, 브렛 톰슨, 루크 하워드, 마이크 벌프스, 밥 스네이드, 마이클 라핀스키, 샐리 리처드슨, 칼리 패짓, 에리카 윗, 조나 퀸, 페르난도 로페스에게 감사한다.

―휴고 마르티네스

참고자료

1712년 반란

- *Boston News-Letter*, April 7 – 12, 1712.
- Coroner's Inquest of William Asht, April 9, 1712. Coroner's Inquest of Augustus Grassett, April 9, 1712. Misc. MSS. NYC, Box 4, Manuscripts Collection, New-York Historical Society.
- Coroner's Inquest of Adrian Hooglant, April 9, 1712. New York Public Library Manuscripts and Archives.
- Governor Robert Hunter. Letters to the Lords of Trade. Public Records Office, London, CO5 1091.
- Minutes of the Privy Council, 1712. Public Records Office, London, PC2/A84.
- *Minutes of the Common Council of the City of New York, 1675–1776*. New York: Dodd, Mead, 1905.
- Minutes of the Supreme Court of Judicature, 1712. Pp. 399 – 427. New York City Municipal Archives.
- Minutes of the Quarter Sessions, 1694 – 1731. Pp 214 – 241. New York City Municipal Archives.
- O'Callaghan, E. B. The Documentary History of the State of New-York. Albany: Weed, Parsons, 1850.
- _____. *Documents Relative to the Colonial History of New York*. Albany: Weed, Parsons, 1855.
- _____. *Calendar of New York Colonial Commissions*, 1680 – 1770. New York: The New-York Historical Society, 1929.

- Philipse, Adolphus. Will of Adolphus Philipse. Manuscripts Division Collection, New-York Historical Society.
- 『The Laws of His Majesties Colony of New York』. London: William Bradford, 1719.
- Van Dam, Rip. Inventory of the Estate of Rip Van Dam, 1749. Misc. MSS. NYC, Manuscripts Collection, New-York Historical Society.

1708년 반란

- *Boston News-Letter*, February 10, 1708; February 1623, 1708.
- Lord Cornbury. Letter to the Board of Trade, February 10, 1708. *In Documents Relative to the Colonial History of the City of New York*, E. B. O'Callaghan, p. 39. Albany: Weed, Parsons, 1855.
- Riker, James. Papers. New York Public Library, Manuscripts and Archives.
- *Town Minutes of Newtown*. New York: Historical Records Survey, 1940.

노예선 관련 참고자료

- Atlantic Slave Trade Database, https://www.slavevoyages.org/voyage/database.
- Bandinel, James. *Some Account of the Trade in Slaves from Africa as Connected with Europe and America*. London: Longman, Brown, 1842.
- Burton, Richard. *A Mission to Gelele, King of Dahomey*. New York: Praeger Publishers, 1966.
- Brooke, Richard. *Liverpool as it was During the Last Quarter of the Eighteenth Century*. P. 236. Liverpool: Liverpool Publishing House, 1853.
- Donnan, Elizabeth. *Documents Illustrative of the History of the Slave Trade to America*. 4 vols. New York: Octagon Books, 1965.
- Hair, Paul, ed. Barbot on *Guinea: The Writings of Jean Barbot on West Africa, 1678–1712*. 2 vols. London: The Hakluyt Society, 1992.
- Hastings, Hugh. 『*Ecclesiastical Records, State of New York, Vol. 3*』 Albany: J. B. Lyon Company, 1902.
- House of Lords Records Office. Misc. slave ship captains' logs and surgeons' logs. London.

- Snelgrave, Captain William. *A New Account of Some Parts of Guinea and the Slave-Trade, Slavery Series, No.11*. London: James, John, and Paul Knapton, 1734.
- The Unity, log of, 1769-1771, Earle Family Papers, Merseyside Maritime Museum, Liverpool, D/EARLE/1/4 (no pagination).
- For a complete bibliography of sources see rebhallphd.org

옮긴이의 말

    이 책은 매우 드라마틱한 선상 반란 장면으로 시작된다. 이어 역사학자 리베카 홀이 노예제 시대 저항에 앞장선 흑인 여성들을 추적하는 여정이 이어진다. 리베카는 이 여정에서 "과거를 추적해나가다 보니 과거가 나를 추적해오는" 경험을 한다. 현재와 과거가 분리되지 않고, 분리될 수도 없음을 느낀다. 사실 흑인 여성들의 흔적을 발굴하는 리베카를 따라가다 보면, 그가 "역사가의 악몽"이라고 거듭 말한 것을 마주할 수밖에 없다. 그러니 이 기획은 실패할 수밖에 없다. 첫째로 지배자들의 기록인 역사에서는 저항의 서사가 지워지고 억눌리기 때문에, 둘째로 그나마 얼마 안 되는 기록에서도 여성의 존재는 감춰지기 때문이다.

    저항의 중심에 있었던 여성은 역사에서 두 겹으로 지워져 도무지 보이지 않는다. 여기에 리베카의 발목을 잡는 조건이 하나 더 추가된다. 현재에도 여전히 그가 '흑인 여성'의 현실을 살고 있다는 점이다. 그래서 사료를 찾으러 방문한 공공 기록소에서 리베카는 종종 좌절을 맛본다. 그가 저항하는 흑인 여성의 존재를 되살리는 과제를 필연적 소명으로 느끼는 것은, 노예제의 여파가 현재까지 이어지고 있기 때문이다. 그런 동시에 바로 현재가 그러하기 때문에 역사학자로서 목표를 이루지 못하고 벽에 부딪힐 수밖에 없다. 이 모순을 이 책은 그래픽 노블로 해결했다.

    책의 앞부분에서 리베카는 자료 조사를 시작하기 위해 뉴욕에 가 있다. 이 책의 일러스트레이터인 휴고 마르티네스는, 뉴욕의 초고층 빌딩 앞에서 리베카를 무례하게 치고 지나가는 백인 남자의 모습을 노예제 시대 채찍을 든 농장주와 겹쳐 그린다. 비인간적인 억압과 착취의 역사는 모두 묻어버린 듯한 눈부시고 화려한 뉴욕의 풍광

사이사이에, 분노하여 횃불을 밝혀 들고 일어선 흑인 노예들의 모습이 비친다. 한 컷의 그림 안에서 리베카의 삶의 여정과 역사가 결합한다. 페이지마다 그의 개인사와 노예제 시대에 태어난 조부모의 가족사, 노예무역이 본격화되던 때부터의 역사가 서로 뒤얽힌다. 그뿐 아니라 이 책은 부족한 사료만 가지고는 완성할 수 없는 서사를 역사적 상상력을 동원하여 생생하게 그려내어 빈 공간을 메웠다. 그래픽 노블이라는 장르를 택했기 때문에 구현할 수 있었던 지점이다.

'웨이크(WAKE)'라는 제목은 중의적이다. 현재까지 계속되는 노예제의 '여파'에 주의를 기울이게 하기도 하지만, 장례식의 '경야'에서 죽은 사람들에 대해 이야기하고 그들을 기리듯 끊임없이 과거를 이야기하고 우리의 일부로 받아들여야만 현재를 이해하고 앞으로 나아갈 수 있다는 뜻이기도 하다. 이 단어에 '깨어나다'라는 뜻이 있음은 말할 것도 없다. 억압당한 사람의 이야기를 되살리고 그들의 시선을 복원해야만 역사가 온전해지고, 그 연장선상에서 깨어난 시각으로 현재를 바라볼 수 있을 것이다.

이 책에도 통계로 빤히 드러난 역사적 사실을 편견 때문에 보지 못하는 사례가 나온다. 3만 6천 건 이상의 노예무역선 항해 자료로 만든 데이터베이스에서 '배에 여자가 많을수록 선상 반란의 가능성이 높아지는' 경향이 나타났음에도, 역사가들은 직관에 어긋나는 결과라는 이유로 통계적 우연으로 치부해버렸다. 사실 이 통계적 경향은 노예선에서 남자들을 족쇄를 채워 갑판 아래 가둔 것과 달리, 여자들은 성적으로 착취하고 부리기 위해 족쇄를 채우지 않는 관행과 밀접한 관련이 있다. 여자를 속박해 놓지 않은 것 역시 여자는 반란을 일으키지 않으리라는 편견 때문이었다. 남자건 여자건, 자발적으로 노예가 되고자 하는 사람은 없다. 기회가 있으면 누구라도 목숨을 걸고 반란을 일으킬 것이다. 그러나 우리는 여성에게 주체성을 부여하지 않는 데 너무나 익숙해서, 여자도 반란을 일으킬 수 있다는 빤한 사실을 눈앞에 두고도 보지 못하는 것이다.

얼마 전 과거 일본의 강제 동원 피해 배상 문제에 대해 우리나라가 크게 물러나고, 논란이 일자 여당에서는 "과거가 우리의 미래를 발목 잡아서는 안 된다." "과거에 매몰되어서는 미래를 향하는 데 어떤 도움도 되지 않는다."라고 했다. 그러나 과거에서 눈을 돌리지 않을 때, 아픈 역사를 마주할 때, 모순을 인지할 때에만 가능한 인식이 있다. 지워져서, 감추어져서, 억눌려서, 혹은 몰라서 아직도 하지 못한 이야기가 너무나 많다.